新体操のルールについて

　新体操のルールは4年に1度、オリンピックの翌年に改正されます。しかし、新型コロナの感染拡大により2020年に開催予定だった東京五輪が1年延期になったため、ルール改正も1年ずれ込み、2022年からの適用となったのが「2022-2024ルール」です。

　「2022-2024ルール」では、難度(D)は、身体難度(DB)、手具難度(DA)、回転を伴ったダイナミック要素(R)の3つの要素からなり、加点法で採点されました。演技中に入れられる難度の数には上限が定められていますが、D得点の上限はありません。芸術(A)と実施(E) はそれぞれ10点満点からの減点法で採点し、D+A+Eが演技の得点となりました。
　これらは2021年までのルールとはかなり大きく変わり、「芸術性重視」の方向性を強く打ち出したものとなりました。

　2025-2028のルールは、前回ほど大きな変更はありません。2024年までのルールの問題点を改善する、という考え方でいくらかの変更はありますが、2022年から明確になった「芸術性重視」はより顕著になっています。この流れで、ルールもブラッシュアップしていけば、新体操は今まで以上に、見ている人にとっても魅力的で面白く、心動かされるものになると思います。
　これからの4年間で新体操はもっともっと進化するはずです。そして、みなさんにはその担い手になってほしいと心から願っています。

本書は、2025年2月時点での採点規則に基づいています。シーズン途中でも変更や追加、削除などは行われ、その情報は日本体操協会の公式サイト（https://www.jpn-gym.or.jp/rhythmic/rules/）にも掲載されますので、チェックされるようお願いいたします。

3

本書の使い方

この章のめざすところ

この項目において意識すること、心がけたいこと

動画で実際の動きを確認できる

難易度の高いリボンの投げ受けを得意にしよう！

ポイント25 リボンならではの見せ場「足での投げ」に挑戦しよう！

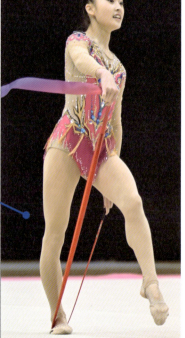

ただでさえ難しいリボンの投げを「足で投げる」！そんなのとても無理‼と言いたくなるかもしれないが、それが案外そうでもないのだ。足で投げる場合は、たいていがリボンを足に掛けて、回転しながら投げる。最初からうまくはできないだろうが、慣れてくると手で投げるよりもリボンに回転力が伝わりやすく、足投げのほうが得意になる選手も少なくないのだ。

しかし、前方や後方の転回をしながら投げることになるので、アクロバット要素が苦手な選手にとっては少しハードルが高くなる。足投げの練習に入る前に、アクロバットの十分な練習をしておこう。

ポイントの概要を説明

ここがポイント！

足投げの際には、リボンを折りたたんで足にかけるが、このとき、意外とリボン同士がからんだり、結び目ができてしまったりしやすいので、足投げのときはリボンの掛け方にも注意しよう。

より上達するためのヒント。あれば参照ページなども記載。

連続写真や良い見本、
悪い見本など
目で見てわかりやすい。

このポイントで
扱っている内容

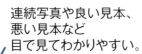
足で投げる

扱っている技（技術）
の名前

1 前方転回しながら足でスティックを蹴り上げる

やり方や意識するべき
こと。

スティックを持った右手を左肩の後ろに振り上げ、リボンをはらい、シャッセに入る。

右手をはらい、リボンで大きく円をかきながら、前方転回に入る。

前方転回しながら、右手はスティックを保持しておく。

両脚が同じ高さになったあたりで、スティックを足で蹴り上げる。

できないときはここを
チェック！

リボンの行方を目で追いながら、キャッチの準備をしながら起き上がる。

Check1 前方転回はスムーズかつスピーディーにできているか。
Check2 はじめにリボンをしっかりはらえているか。
Check3 スティックを蹴り上げるタイミングは適切か。

2 前方転回しながらの足投げ

リボンを足に掛けたまま、右足を一歩前に出す。

リボンを折りたたんで左手に持ち、リボンのジョイントの近くを左足の裏に掛ける。

リボンの飛んだ方向を確認しながら上体を起こす。

前方転回で脚が真上にきたあたりで、つま先を伸ばしリボンを足から放す。

右手はスティックから放し、リボンは足に掛けたまま前方転回に入る。

Check1 前方転回はスムーズかつスピーディーにできているか。
Check2 リボンを掛ける足はしっかり外側を向いているか。
Check3 リボンを足から放すタイミングは適切か。

足でリボンを投げる際は、スティックの重みを感じるようにすると転回中に落ちない。投げる瞬間には、つま先をスティックの方向に向けて伸ばすようにするとコントロールできる。

ありがちなミスなど、
注意すべきこと。
あれば参照ページ
なども記載。

目 次

- はじめに
- 新体操のルールについて
- 本書の使い方

Part 1 クラブ操作の基本を身につける

ポイント1 スムーズな操作には必須！ 「クラブの基本の持ち方」を完璧にしよう …… 12

ポイント2 自由自在に手の中で回す！「小円の基本」を確かなものにしよう ………… 13

ポイント3 クラブ巧者を印象づける！風車の基礎を完全マスター！ ………………… 14

ポイント4 空中での回転をコントロールして受けやすく投げよう！ ………………… 15

コラム1 教えてみすず先生！① 将来、新体操を仕事にすることはできますか？ ………… 16

Part 2 バリエーション豊富なクラブの投げ受けを得意にしよう！

ポイント5 基本的な「投げ受け」を確実なものにしてミスをなくそう！ ………………… 18

ポイント6 2本あるから面白い！ 様々な「手で投げる」に挑戦しよう！ ………………… 20

ポイント7 演技の幅がぐっと広がる「足で投げる」をマスターしよう！ ………………… 22

ポイント8 「手以外のキャッチ」を得意にして演技の幅を広げよう！ ………………… 24

ポイント9 「視野外のキャッチ」を使いこなして、熟練度を印象づけよう！ ………… 26

コラム2 日本のクラブが、新体操を変えた！ ………………………………………… 28

Part 3 クラブ独特の操作をモノにする！

ポイント10 回す位置、回し方、「風車」のバリエーションを増やそう ………………… 30

ポイント11 左右のクラブで、違う動きをすることで表情豊かな演技に！ ………… 32

ポイント12 見ている人をワクワクさせる華麗なジャグリングに挑戦！ ………… 34

ポイント13 2本のクラブを連結して長く使うことでアクセントをつけよう！ ………… 36

ポイント14 アンバランスな形状で2本あるクラブならではの操作をマスターしよう… 38

コラム3 教えてみすず先生！② 審判の採点は公平ですか？ ………………………… 40

※本書は 2019 年発行の『手具操作で魅せる！新体操　リボン　レベルアップ BOOK』と『手具操作で魅せる！新体操　クラブ　レベルアップ BOOK』を再編集し、新たに動画コンテンツの追加を行うとともに、1 冊の形にして新たに発行したものです。

Part 4　手具操作の見せ場「DA」で点数を積み上げよう（クラブ）

ポイント15　「DA」の種類、考え方をしっかり理解して、使いこなせるようにしよう … 42
ポイント16　意外と簡単なものも。0.2のDAには怖がらずにチャレンジ！ ……………… 44
ポイント17　演技をスリリングにする投げ受けのあるDAもやってみよう ……………… 46
ポイント18　投げ受けなしでも0.3になるDAに挑戦！ ……………………………………… 48

コラム4　勝負が決まる！　運命のクラブ ………………………………………………… 50

Part 5　リボン操作の基本を身につける

ポイント19　リボンで形を作って、形を美しく見せながら中をくぐり抜ける ………… 52
ポイント20　空中、または床上で均等で明確な形の「らせん」をかこう！ ……………… 53
ポイント21　空中、または床上で間の詰まった均等な「蛇形」をかこう！ ……………… 54
ポイント22　小さく、または中くらいの高さでスティックを空中で回転させよう！ … 55

コラム5　教えてみすず先生！③　表現力はどうしたら身につけられますか？ ………… 56

Part 6　難易度の高いリボンの投げ受けを得意にしよう！

ポイント23　基本的な「投げ受け」を確実なものにしてミスを減らそう！ ……………… 58
ポイント24　さまざまな「手で投げる」に挑戦しよう！ ………………………………… 60
ポイント25　リボンならではの見せ場「足での投げ」に挑戦しよう！ ………………… 62
ポイント26　演技にインパクトを与える難しいキャッチにも挑戦してみよう！ …… 64
ポイント27　リボンでミスの起きやすいポイントを知り、対処できるようにしよう … 66

コラム6　リボンは「努力を裏切らない」 ………………………………………………… 68

Part 7 リボン独特の操作をモノにする!

ポイント28 「らせん」のバリエーションを増やして表情豊かな演技にしよう ………… 70

ポイント29 「蛇形」のバリエーションに挑戦してみよう ………………………… 72

ポイント30 「エシャッペ」を自由自在に操るリボン巧者をめざそう! ………… 74

ポイント31 リボンならではのユニークな操作「ブーメラン」を使いこなす ………… 76

ポイント32 演技にアクセントを加えるリボン特有の操作をマスターしよう! ……… 78

コラム7 教えてみすず先生!④ 環境に恵まれていないと感じたら ………………… 80

Part 8 手具操作の見せ場「DA」で点数を積み上げよう(リボン)

ポイント33 「DA」の種類、考え方をしっかり理解して、使いこなせるようにしよう … 82

ポイント34 意外と簡単なものも。0.2のDAには怖がらずにチャレンジ! …………… 84

ポイント35 演技をスリリングにする投げ受けのあるDAもやってみよう ………… 86

ポイント36 投げ受けなしでも0.3になるDAに挑戦! ………………………… 88

コラム8 「クラブチャイルド選手権」がもたらしたもの …………………………… 90

Part 9 演技に手具操作をどう組み込むか、を考えよう!

ポイント37 基本的な「DB」とクラブ操作の組み合わせ方 ………………………… 92

ポイント38 基本的な「S」とクラブ操作の組み合わせ方 ………………………… 94

ポイント39 基本的な「R」とクラブ操作の組み合わせ方 ………………………… 96

ポイント40 基本的な「DB」とリボン操作の組み合わせ方 ………………………… 98

ポイント41 基本的な「S」とリボン操作の組み合わせ方 ……………………… 100

ポイント42 基本的な「R」とリボン操作の組み合わせ方 ……………………… 102

コラム9 「進化を止めない新体操」の未来に期待 ………………………… 104

Part 10 実際の作品をもとに演技の構成を学ぼう

ポイント43 「DB」や「DA」をどう入れるか実際の作品に学ぼう！①（クラブ） ……… 106

ポイント44 「DB」や「DA」をどう入れるか実際の作品に学ぼう！②（クラブ） ……… 108

ポイント45 「DB」や「DA」をどう入れるか実際の作品に学ぼう！③（クラブ） ……… 110

ポイント46 「DB」や「DA」をどう入れるか実際の作品に学ぼう！①（リボン） ……… 112

ポイント47 「DB」や「DA」をどう入れるか実際の作品に学ぼう！②（リボン） ……… 114

ポイント48 「DB」や「DA」をどう入れるか実際の作品に学ぼう！③（リボン） ……… 116

コラム10　教えてみすず先生！⑤「新体操には向いてない」と思ったときどうする？ ………… 118

Part 11 「A（芸術）」「E（実施）」の減点を減らす

ポイント49 「A（芸術）」「E（実施）」は、どう採点されるのか理解しよう！ ………… 120

ポイント50 体や動きによるE減点をどう減らす ……………………………… 122

ポイント51 手具操作によるE減点をどう減らす ……………………………… 124

ポイント52 今のルールが求める「芸術性」とはなにか？を理解しよう ……………… 126

ポイント53 「動きの特徴」「身体表現」「表情」での減点を減らす ………………… 128

ポイント54 「ダンスステップ」「ダイナミックチェンジ」「エフェクト」をしっかり押さえる… 130

ポイント55 「つなぎ」「リズム」「フロアの使用」「音楽」での減点を減らす ……… 132

コラム11　手具操作にも思いを込めて …………………………………… 134

Part 12 作品作りから演技を仕上げていく過程を知ろう！

ポイント56 「やりたい難度、技」「できる難度、技」「使いたい曲」をピックアップ… 136

ポイント57 1つの演技をいくつかのパートに分けてミスなくできるまで練習する… 138

ポイント58 曲に合わせての通し練習を繰り返し行う ………………………… 140

●おわりに　　～あなたの上達を支えるサポーターを見つけよう～

クラブ操作の基本を身につける

「小円」「風車」「投げ」
高度な技を積み上げていくためにも
クオリティの高い演技をするためにも必要な
クラブ操作の基本中の基本を確認しよう！

ポイント1 スムーズな操作には必須!「クラブの基本の持ち方」を完璧にしよう

　クラブの操作のうまい選手は、たいてい腕もクラブも長く見える。それだけ肘を曲げずに腕をまっすぐにしてクラブを操作しているということだ。さらに、常にクラブの頭をきちんと持っているため、クラブもより長く見えるのだ。

　頭の部分を指ではさんで軽く持つのがクラブの持ち方の基本。握りしめずに、手の中で頭が自由に回ることが重要だ。正しくクラブを持つには、まず手のひらの真ん中にクラブの頭を置き、親指と人さし指と中指ではさむように持つ。このとき、手の中でクラブの頭が回るか確認してみよう。さらに、腕を伸ばしたときには、肩からクラブまでがまっすぐ一直線になる。それが理想的なクラブの持ち方だ。

　初心者やキャリアの浅い選手はどうしてもクラブを短く持ってしまいがちだ。また、投げ受けで首の部分を握ってしまってもそれをいつまでもそのままにしている。これは、実施の減点にもつながるうえに見るからに素人ぽく見えてしまう。クラブはより長く見えるように持つ。そのことが回しや投げなどでの正しいクラブ操作にもつながっていくのだ。

GOOD!
両方の腕がしっかり伸びていて、クラブも長く見える。

NG!
クラブの首の部分を握ってしまっている。

ここがポイント!

クラブを扱うときには、肩が上がる人が多い。クラブの胴体の重みを感じることで、腕が少し下がり、それに伴って肩も下りるようにしよう。

胴体　首　頭

ポイント 2

自由自在に手の中で回す！
「小円の基本」を
確かなものにしよう！

動画でチェック！

水平に回す

床とクラブが水平になるように回す。

縦に回す

腕をしっかり伸ばして回す。

NG

握りしめている！

GOOD!

頭が自由に回るように指で軽く持つようにする。

　クラブを操作する場合、頭を手に持ち、一番重い胴体が身体からはもっとも遠くにあることになる。小円や風車など、クラブを回すときには、力づくで振り回すのではなく、胴体の重みを感じながら、その重さを生かして回すように意識しよう。

　クラブの頭を指ではさんで持ち、指の間で頭がくるくる回せるかを、小円のときはとくに意識するようにしよう。

　小円は、クラブ操作の基本中の基本であり、技術の高さを見せつけることのできる部分だ。クラブではスピーディーでリズミカルな演技がよく見られるが、スムーズかつ自由自在にクラブを回すことができれば、どんな音楽でも表現でき、感情をも伝えることができるのだ。

ここがポイント！

　リオ五輪の銀メダリストで何回も世界チャンピオンになっているヤナ・クドリャフツェワはクラブの名手だった。難しい技ができることはもちろん、基本の操作の巧緻性や正確性が素晴らしかった。動画サイトなどには今もヤナの演技は残っているので、ぜひ参考にしてほしい。

13

ポイント 3

クラブ巧者を印象づける！風車の基礎を完全マスター！

動画でチェック！

肘が伸び、手首もくっついた美しい風車

クラブの位置は変わっても姿勢はまったく変わらない

NG 「手首が離れる」のはダメ！

GOOD! 手首がしっかりついている！

「風車」は、クラブ操作の中心だ。演技の中でも、風車はその選手のクラブの熟練度をもっとも顕著に表すと言ってもよいくらいだ。

手首を交差させ、タイミングをずらしてクラブを回旋させるのが風車の原理だが、うまい選手の風車は、まるで魔法のようにスムーズで見ていて本当に気持ちがいいものだ。手の中でクラブの頭が自由に回るように、指先でクラブをはさむように持つことがきれいに風車を回すための最重要項目だ。さらに、肘を曲げずにしっかりと腕を伸ばすようにしよう。

小学校低学年くらいだと、大人用のクラブでは長すぎて扱いにくく、クラブに苦手意識や恐怖感をもってしまうこともある。ジュニアサイズのクラブも市販されているので、そういうものも駆使して、クラブへの苦手意識を持たず、親しめるようにしておきたい。

ここがポイント！

ジュニア時代に2年間クラブの団体をやっていた、という選手たちのクラブの巧さは半端ない。それだけ、クラブは練習量がモノをいう種目なのだ。いかに人よりも多く練習するか。風車などはなおさらそうだ。

ポイント 4 空中での回転をコントロールして受けやすく投げよう！

動画でチェック！

　2本のクラブの同時投げは、クラブの演技では大きな見せ場になるが、それが投げた瞬間に大きく分かれて飛んでしまった、という場面を見たことがある。どんなに頑張っても、両方キャッチするのは無理。そんな場合は素早く判断してより取りやすいほうのクラブをキャッチすべきなのだが、呆然としてしまいどちらも見送ってしまう選手も少なからずいる。

　こういう場面に遭遇すると、クラブは2本ある、ということが選手にはストレスであろうと思う。

　意外と見落としがちだが、クラブは空中にある間は、回転している。この回転によってキャッチのし易さはかなり違ってくるのだ。クラブの投げでは方向だけなく回転もコントロールし、キャッチしやすい状態でクラブが落ちてくるようにすることも重要だ。またいい回転で落ちてこなかったとしても、受けるタイミングや位置をちょっと調整するなど、クラブの投げ受けには工夫をしなければならない。

ここがポイント！

投げのコントロールが悪いわけではないのに、キャッチが定まらないという人は、いい回転のときにキャッチしているかを見直してみよう。そこを意識するだけで成功率はぐっと上がってくるはずだ。

クラブを投げるとき
肘が伸びた美しい投げ。伸びも使って投げる。膝の屈伸。

クラブを受けるとき
キャッチの構え。腕を伸ばし、高いところでキャッチしよう。

こんな投げ方も！
クラブの首を持って水平に投げる。

COLUMN1

教えてみすず先生！①
将来、新体操を仕事にできますか？

　今のところ新体操には「プロ」がないので、一生懸命練習を重ねたところで、将来の職業にはつながらないという見方をする人もいます。たしかに現役時代のように「演技すること」が仕事になることは、残念ながらほぼないのが現状です。

　それでも、新体操に関わる仕事ができる可能性は高いと思います。指導者以外にも新体操をやっている子ども達を支える仕事はたくさんあります。トレーナーや栄養士、医療関係者。さらには、将来、新体操を見る人が増え、人気スポーツになっていくために、新体操の情報を発信する、イベントなどを企画するなども必要な仕事です。それだけで生活できるような仕事にはすぐにはならないかもしれませんが、もしも「新体操を仕事に結びつけたい」という希望があるのなら、指導者がいちばんイメージしやすいでしょうが、今、あげたような後方支援的な仕事も頭に置いておいてもらえればと思います。

　新体操を頑張ってきた経験のある人達は、新体操を卒業した後、新体操とはまったく関係のない仕事についても、とても活躍している人が多いです。新体操は努力を重ねることによって困難を乗り越えるスポーツです。そこで培ってきた忍耐力や考える力は、どんな仕事についても間違いなく重宝されます。新体操にプロがないから続けても無駄、なんてことは絶対にありません。

16

Part 2

バリエーション豊富なクラブの投げ受けを得意にしよう！

演技の最大の見せ場となる「投げ受け」
同時にあるいは時差をつけて、2本のクラブが
空中を舞うクラブの投げはとてもエキサイティング！
演技の幅を広げる様々な投げ受けのコツを公開！

バリエーション豊富なクラブの投げ受けを得意にしよう!

ポイント 5

基本的な「投げ受け」を確実なものにしてミスをなくそう!

動画でチェック!

　2本ある、両手にある、というだけでクラブに苦手意識をもってしまう人は多いが、クラブはリボンやロープと違って形が変わることがないので、投げ受けは意外とやりやすい。

　気をつけるべきいくつかのポイントを押さえておけば、会場の空調や湿気などの影響も受けにくいので、思いがけずコントロールが狂うことも少ないのがクラブのよいところだ。

　がっちりずっと握りしめているのは、クラブの正しい持ち方とは言えないが、キャッチする瞬間はしっかりと手で握れるという安心感もあり、たとえ落下したとしても遠くまで転がっていく可能性も低い。

　難しそうと敬遠せずに、果敢にたくさん投げ受けの練習をすれば、やった分だけうまくなるのがクラブだ。そして、基本がたしかなものになれば、バリエーションは他の手具以上に豊富なのもクラブの投げ受けだ。

ここがポイント!

クラブを投げ上げると、空中でクラブは回転するが、回転をかけすぎて、あまりくるくる回るとキャッチしにくくミスが出る。高い投げでも2〜3回転で落ちてくるように加減して投げるようにしよう。

18

基本の「投げ受け」

基本の投げ

①膝を曲げながら、投げる方のクラブを持った腕を腰の高さくらいまで後ろに引く。

②膝を伸ばしながら、腕を前に振る。

③肘を伸ばし腕を斜め前に振り上げ、高い位置でクラブを離し、投げ上げる。

Check1 投げる前に膝を曲げてためを作っているか。

Check2 投げる方の腕を後ろに引きすぎていないか。

Check3 投げるときに肘を十分に伸ばして頭の斜め前あたりでクラブを離しているか。

【要注意!】ありがちNG

クラブをキャッチする位置が低すぎて、ファンブルしている。

クラブの首をキャッチしている。きちんと頭をキャッチしよう。

基本の受け

①クラブの落下点に入り、クラブの落ちてくる方向に腕を伸ばす。

②なるべく高い位置でクラブを受け、クラブの落下とともに膝を曲げる。

③膝を曲げながらクラブを受けた方の手も後ろに引き、柔らかくキャッチする。

Check1 クラブの落下点をしっかり確認しているか。

Check2 肘を伸ばし、体から遠い位置でクラブをキャッチしているか。

Check3 キャッチした後、膝の屈伸と腕の引きを使っているか。

 基本の投げでは、クラブの頭を持った状態から投げることになるが、その際に重い胴を振り回して遠心力で投げるのではなく、胴から押し出すようなイメージで投げることを意識しよう。空中での回転を抑えることができ、キャッチしやすい投げになる。

バリエーション豊富なクラブの投げ受けを得意にしよう！

ポイント 6

2本あるから面白い！
様々な「手で投げる」に
挑戦しよう！

新体操の手具の中で左右に分けて持つことができるのは「クラブ」だけ。それだけに扱いが難しく苦戦する選手も多いが、他の手具ではできない操作も多く、投げのバリエーションも多いのが魅力だ。

投げの基本である「手で投げる」も、左右に1本ずつクラブを持っての投げはかなり多彩だ。

クラブに苦手意識を持つ選手も多いが、まずは投げだけでも得意にできるようにチャレンジしてみよう。慣れないうちは怖いかもしれないが、リボンやロープのように形が変わる手具と違ってクラブは飛ぶ方向のコントロールもしやすい。手からクラブを離すタイミング、位置など気をつけるべきポイントをしっかり押さえて、投げの精度を上げ、ひとつの投げ技の完成度が上がってきたら、さらにはより多くの種類の投げをマスターできるようにしていこう。

ここがポイント！

「クラブを回す技＝風車など」が苦手だからと言って投げも苦手かというとそうでもない場合が多い。投げはポイントさえ押さえれば成功率は上がってくるので苦手意識を持たずに練習しよう。

手で投げる

1 クロス投げ

①クラブを左右互い違いに持ち、投げる方のクラブを上にして先端を重ねて構える。

②伸ばした両腕の延長線上で下になったクラブで押し出すように投げ上げる。

③片方のクラブが手から離れた瞬間に動きを止めず、腕は上まで上げる。

Check 1 投げる前に、投げる方向を確認し、十分に膝を曲げているか。

Check 2 膝を伸ばすと同時に両腕を伸ばし、クラブを離しているか。

Check 3 クラブを離した後、腕を真上まで振り上げているか。

注：クロス投げは「手以外」の投げにあたる。

2 背面投げ

①投げる方のクラブを持った腕を前に構え、膝を曲げながら腕を後ろに回す。

②曲げた膝を伸ばしながら、腕を横に逃さず、しっかり真後ろに回す。

③腕が肩よりも高い位置にきたらクラブを離す。早く離しすぎないように。

Check 1 投げるクラブを持った腕を後ろに回すときに膝を曲げているか。

Check 2 腕を回すときに肩の動きはスムーズか。

Check 3 クラブを手から離す位置が低くなりすぎていないか。

3 非対称の投げ

①右手で片方のクラブを高く投げ上げる。

②右手で落ちてきたクラブを受けながら、左腕を前に回す。

③クラブを受けた右手を後ろに引きながら、左手のクラブを小さく投げる。

Check 1 1本目のクラブの落ちてくる位置をしっかり確認できているか。

Check 2 両腕の動きを止めることなくリズミカルに操作できているか。

Check 3 クラブを受ける際はきちんと頭を取れているか。

どの手具にも言えることだが、投げはできるだけ動きを止めることなく、流れの中でリズムよく行えるようにしたい。投げを成功させるためには膝の屈伸と連動してリズミカルに行うことが必須だ。腕の力や手先だけで投げないように気をつけよう。

21

バリエーション豊富なクラブの投げ受けを得意にしよう！

ポイント 7 演技の幅がぐっと広がる「足で投げる」をマスターしよう！

動画でチェック！

新体操の手具操作では、「手以外の操作」はかなり得点につながる。「R」（回転を伴ったダイナミック要素）では、投げるとき、または受けるときに「手以外の操作」が入れば、0.1ずつ得点が上がる。（投げで0.1、受けで0.1なので、投げと受けともに手以外なら0.2アップする）

「DA」（手具難度）でも、手以外の操作は使えるので、どの種目においても「足での投げ」はぜひいくつかマスターしたい。

しかし、クラブは頭が小さく、胴は大きく重いというバランスのとりにくい形状のため、慣れない間は、脚で思うようにコントロールすることが難しい。はじめは何回も失敗すると思うが、うまくいくときと失敗したときは何が違うのかしっかり見極めるようにしよう。まずは、クラブのどの位置に足を当てればうまくいくのか、を検証しその感覚を体に覚えさせよう。

ここがポイント！

クラブは小さな玉の部分（＝頭）といちばん大きな部分（＝胴）ではかなり重さが違う。長さでの中心点は、重さの中心点ではないことを意識して、「のせる」「蹴る」など、足と接する位置を見極めよう。

足で投げる

1 前転しながらの投げ

① 片脚の足の裏にクラブを1本のせ、そのまま前転に入る。

② クラブをのせた足の裏が、上にきたところで膝を少し伸ばして、回転する力でクラブを投げ上げる。

③ 素早く上体を起こし、クラブの落ちてくる位置を目で確認し、手を伸ばしてなるべく体から遠くでキャッチする。

Check1	クラブをのせる方の足の土踏まずをぎゅっと縮めてクラブをのせ、なるべく床と平行を保ちながら前転しているか。
Check2	低い位置でクラブを足から離さず、なるべく高くで離すようにしているか。
Check3	前転している最中にクラブの飛んだ方向を確認しているか。

2 前方転回しながらの投げ

① 投げる方のクラブを持った腕は、クラブを蹴りやすい位置に出し、もう片方の腕だけで支持しながら前方転回に入る。

② 前方転回しながら、開脚した脚が床と平行になったくらいの高さでクラブを蹴り上げる。

③ 素早く上体を起こし、クラブの落下点を確認し、腕を伸ばしなるべく高い位置でキャッチする。

Check1	膝、つま先が伸び、スピードがあり、まっすぐに回る美しい前方転回ができているか。
Check2	クラブを蹴り上げる位置が、低くなりすぎていないか。
Check3	クラブを蹴り上げたあと、素早く体を起こし、キャッチに備えているか。

クラブを「足で投げる」際には、回転を伴う場合が多いが、これらの技は、回転がスムーズにできることが大前提になる。前転はもちろん前方転回も歪むことなくスピーディーに回れないと、他のポイントを押さえていても、思うようにコントロールされた投げはできない。精度の高い回転をする練習と、足で投げる際のクラブを離す位置やタイミング、力加減などを把握することを、まずは分けて練習していくとよいだろう。
難易度の高い投げの場合は、気をつけるポイントが多いので、一気にやるとどこが狂っていてできないのかわかりにくい。技を分解して、部分的に練習を進めることが必要となる。

バリエーション抱負なクラブの投げ受けを得意にしよう

ポイント 8

「手以外のキャッチ」を得意にして演技の幅を広げよう!

　クラブは他の種目に比べても、手具が忙しく動く演技が多い。手具が2つあること、両手にあること、さらに小さいことなどから、クラブを魔法のように軽やかに扱って見せることが多いからだ。

　「手以外」のキャッチは大きな投げ以外にも、ジャグリング程度の小さな投げなどにもよく使われる。

　大きく投げたり、回転したりというリスクを冒さなくても、クラブのキャッチでは演技の見せ場を作ることができる。演技中に観客をハッとさせたり、ドキドキワクワクさせることができるのが、クラブの多彩な投げ受けなのだ。

　クラブは2本あることを、もっとも有効に生かせるのが「手以外」のキャッチだ。「手以外」と言っても手に持ったクラブを使うことができるので、動きや力のコントロールはしやすい。ぜひ得意にしよう。

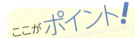

床に押さえるタイプのキャッチでは、受ける方の手や足の動き始めが遅れると、手や足の上にクラブが落ちてきてしまう。落ちてくるクラブを追いかけるように上から押さえることを意識しよう。

手以外のキャッチ

1　クラブで床に押さえる

①落ちてくるクラブが斜め上にきたあたりからクラブを前に構えてしゃがみ始める。

②持ったクラブの目の高さにきたあたりで手に持ったクラブの頭の部分で上から押さえていく。

③クラブが跳ね返られないように、しっかりと床に押しつける。

Check 1 クラブの落下点に近づきすぎていないか。
Check 2 押さえるクラブを出すタイミングが遅すぎないか。
Check 3 落ちてきたクラブが床につくのと同時に上からクラブで押さえているか。

2　立位で足で踏む

①クラブが目の高さあたりまで落ちてきたら片脚を床から浮かす。

②浮かした脚の膝を曲げ、軸脚の膝くらいの高さでクラブの上から足で踏む。

③クラブが跳ね返らないように、しっかりと床に押しつける。

Check 1 クラブの落下点に近づきすぎていないか。
Check 2 クラブを踏む方の足が膝くらいまで上がっているか。
Check 3 クラブが跳ね返る前に足で押さえているか。

3　クラブを十字にして受ける

①クラブの胴を握り、首と頭が斜め上からくるようにしてクラブの落下点に腕を伸ばす。

②落ちてきたクラブをクラブの首の部分ではさんで受ける。

③落ちてきたクラブを手首に近いところで手に持ったクラブでしっかりとはさむ。

Check 1 クラブを受ける方の腕は十分に伸ばしているか。
Check 2 受ける方のクラブの回転を良く見ているか。
Check 3 受けるクラブと腕の間に、クラブをはさめるだけの隙間を作っているか。

+1 クラブは、「手以外のキャッチ」のバリエーションが豊富なので、遊びのつもりでいろいろな取り方に挑戦してみよう。ここで取り上げた「床に押さえる」タイプは比較的容易なのだが、少しタイミングがずれると床にはじかれてしまうので、油断せず最後まで確実に押さえるようにしたい。

バリエーション豊富なクラブの投げ受けを得意にしよう！

_{ポイント}
9

「視野外のキャッチ」を使いこなして、熟練度を印象づけよう！

動画でチェック！

　サッカーやバスケットボールでも「ノールックパス」はテクニカルな印象を与える。パスする相手のほうを見ないでパスをコントロールすることにより技術の高さを感じさせることができるからだ。

　新体操の場合も、手具を見ないでキャッチする「視野外」のキャッチは、いかにも手具の扱いに慣れている、という熟練度の高さをアピールする効果がある。

　さらに、手具のほうを見ないということは、それだけ顔の表情や動きで表現できるということだ。表現力豊かな選手でも手具の投げ受けの瞬間はどうしても、真顔になり手具を目で追ってしまいがちだが、視野外のキャッチの場合は、そもそもキャッチする瞬間は、視線が手具から離れているのだから、表情をしっかり作るようにしたい。

　表情豊かな演技にするためにも、視野外のキャッチはうまく使いこなそう。

ここがポイント！

「視野外」と言っても、当然、手具の落下点や軌道を目で確認はしなければならない。どの段階で、どこに手具があればうまくキャッチできるのかを、早いタイミングで判断できるようになろう。

視野外のキャッチ

1 首の後でキャッチ

①クラブの落下点を確認し、真下に入り、両腕を挙げて構える。

②挙げた腕の高さくらいまでクラブが落ちてきたら、腕を後に引き、あごを引いてクラブを受ける体勢になる。

③クラブが腕に触れたら、きしっかりはさむ。腕をやや前に引く

- **Check 1** 挙げた両腕は十分に後に引けているか。
- **Check 2** 両腕を引くタイミングは合っているか。
- **Check 3** クラブを受けたあと、腕でクラブを押えているか。

2 もぐり回転しながらキャッチ

①落ちてくるクラブが腰よりも少し高いところまできたらもぐり回転に入る。

②もぐり回転中の頭が下にきたところで、クラブをキャッチする。

③両手にクラブを保持したまま起き上がる。

- **Check 1** スムーズで素早いもぐり回転ができているか。
- **Check 2** もぐり回転に入るタイミングは適切か。
- **Check 3** 回転中のクラブの頭が下にきているところでキャッチしているか。

3 後屈しながらキャッチ

①クラブの落下点に入り、後屈しながらクラブの落ちてくる方向に腕を伸ばす。膝立ちになり、

②なるべく高い位置でクラブを受ける形になり、クラブの落下とともに大きく後屈する。

③十分に後屈した形でクラブをキャッチする。

- **Check 1** 後屈しきっていないところでクラブをキャッチしていないか。
- **Check 2** 腕を伸ばし、体から遠い位置でクラブをキャッチしているか。
- **Check 3** クラブの頭をキャッチできているか。

 キャッチする瞬間は「視野外」であることが必須なので、落下を恐れて十分に視野外にならないうちにキャッチしてしまうと、「視野外」と認められない。キャッチしてからもぐり回転したり、後屈する前にキャッチするのではなく、明確に「視野外」でキャッチするように気をつけよう。

COLUMN 2

日本のクラブが、新体操を変えた!

　個人でも団体でも、今の演技ではクラブの連結はよく使われている。とくに団体は使うクラブの数が多いので、クラブを丸くつないでフープのように転がしたり、投げたりあっと驚くような使い方を見せてくれるチームが多い。

　しかし、この連結できるクラブが、新体操の世界にデビューしたのは、ほんの10数年前のことだ。当時のフェアリージャパンPOLAが、使ったのが最初だと思う。

　このクラブを開発したのは日本のメーカー・チャコットだった。その時の団体は、フープとクラブのアンサンブルだった。連結できるクラブと言っても、そのころはせいぜい2本をつなげて背中を転がすとか、その程度の使い方だったように記憶している。

　しかし、もともとクラブは小さい手具で、団体の造形もあまりバリエーションがないことが悩みの種だったため、このつながるクラブはあっという間に大流行した。日本だけでなく、世界中の新体操選手たちがこのクラブをつなげて使うようになり、さまざまなメーカーからも開発、発売されるようになった。

　今のクラブの演技を見ていると、クラブがつながらなかった時代は果たしてどんな演技をしていたのだろう? と思うくらいにみんなこの連結できるクラブの特性を生かした作品を作っている。しかし、実のところ、まだまだ連結できるクラブの歴史は浅いのだ。

　日本のメーカーの商品開発は非常に優秀で、このクラブの他にも、選手のパフォーマンスを上げる様々な改良を加え続けている。新体操の世界は日進月歩だが、それは選手や指導者だけでなく、こういった人たちの創意工夫の賜物でもある。

クラブ独特の操作をモノにする！

うまく使いこなせるようになれば、
「クラブの操作がうまい！」と印象づけられる
「風車」「ジャグリング」「非対称の操作」など
クラブならではの操作を究めよう！

クラブ独特の操作をモノにする！

ポイント10 回す位置、回し方 「風車」のバリエーションを増やそう

動画でチェック！

「風車を制する者はクラブを制す」と言いたくなるくらい、クラブの演技は風車の巧拙でかなり印象が左右される。風車は、クラブの基礎技術グループに入っており、演技中に入れることが重要になる。選手によってはふんだんに、様々なバリエーションで風車を入れている。

操作としては同じ風車でも、回す場所、回し方によってかなり印象は違ってくる。曲調に合わせて、または表現したいことによって、ふさわしい風車を選びたい。また、風車を実施しているときは顔が見えやすいというのも利点と言えるだろう。表情をしっかり作って世界観を描き出す。クラブではそんな演技が見られることが多い。「この作品のここで入れたい！」と思ったところに、効果的に風車を入れるためには、日頃から練習を重ね、得意にしておきたい。

ここがポイント！

クラブは小さい手具なので、ボールと並んで「体のラインが目立つ手具」と言われている。しかし、クラブに関しては、風車はかなり目線を手具に引き付けられる。身体難度に自信のない選手にとっては強い味方だ。

「風車」のバリエーション

1　体の前で水平に回す

クラブを腕の上で回すときは、クラブの首を人さし指で支持するように。

クラブの頭を軽く持ち、腕の下でクラブを回す。

ATTENTION!
回しているうちに手首が離れてくるので注意！

Check1 クラブが長く見えるように持っているか。
Check2 クラブの頭は手の中で回っているか。
Check3 美しい姿勢を保っているか。

2　体の前で縦に回す

①上になっている手に持ったクラブを上から下へと回す。

②下になっている手に持ったクラブを下から上へと回す。

③①～②を繰り返す。

Check1 腕をしっかり伸ばせているか。
Check2 クラブの頭は手の中で回っているか。
Check3 手首が離れないように意識できているか。

3　体の脇で縦に回す

左前を背面から体の右部に回し、腰の高さで風車をする。

ATTENTION!
回しているうちに、左腕が後ろに回ってくるので注意。

正面からクラブの持ち手が見えるところまで左腕を引っ張る。

Check1 左腕の手首は正面から見えているか。
Check2 肘は伸ばすよう意識できているか。
Check3 手首が離れないように気をつけているか。

現在のルールでは必須となっているダンスステップコンビネーション。クラブの場合は風車の多様な動きでダンスステップを踊ることができそうだ。風車のうまい選手ならステップしながらの風車などお手のものだ。風車ならリズムにも合わせやすい。クラブの作品を魅力的なものにするためには、ぜひ風車は攻略したいものだ。

クラブ独特の操作をモノにする！

左右のクラブで、違う動きをすることで表情豊かな演技に！

動画でチェック！

　クラブを右と左で違う動きをする「非対称の動き」は、他の手具にはないクラブ独特の操作だ。

　クラブはこういった「非対称」を見せることができるため、クラブそのものは大きな手具ではないが、動きには広がりができ、面白さを見せることができる。

　非対称の動きが効果的に使えるのは、現在のルールでは必須となっているダンスステップコンビネーションのときだ。ステップでは、体の高さは一定ではなく、変化させることが望ましいが、非対称の動きを伴うことでその変化が際立って見える。また、スピード感のある弾むようなステップでも非対称の動きが有効だ。大きく振り上げる方の腕が、体も同時に引き上げてくれるので、リズミカルな曲に合わせたこの動きは、まさに「弾んでいる」ように見える。

ここがポイント！

初心者にありがちなのが、やっているうちにクラブの回しに意識がいかず、クラブが止まってしまうというパターンだ。片方の腕は大きく回せているのに、もう片方はクラブを握りしめたまま、にならないよう注意しよう。

非対称の動き

1　片腕を大きく回す＋クラブを水平に回す

①両手にクラブを持ち、左腕は下に、右腕は床と水平にする。

②右手に持ったクラブと水平に回しながら、左を肩から下⇒前に回す。

③右手のクラブを回しながら、左は肩から前⇒上⇒後ろへと回す。

Check 1 腕はまっすぐに伸ばしているか。
Check 2 クラブの回しは床と水平になっているか。
Check 3 左腕は、まっすぐな軌道で回せているか。

2　片腕を大きく回す＋クラブを手のひらで回転させる

①両手にクラブを持ち、右手に持ったクラブは手のひらにのせる。

②右手に持ったクラブを手てのひらで回しながら、左腕を肩から下→前→上へと回す。

③右手のクラブを回しながら、左腕は肩から上⇒後ろへと回す。

Check 1 腕はまっすぐに伸ばしているか。
Check 2 手のひらのクラブは十分に回っているか。
Check 3 左腕は、まっすぐな軌道で回せているか。

注意！

左右のクラブがう動きをしているだけでは「非対称の動き」にはならない。上の例のように、「右手のクラブは床と水平＋左手は床と垂直に腕を回す」なら動きの軸が左右で違うので「非対称」だが、右の例のように、「右手のクラブは床と垂直な小円、左手も床と垂直に腕を回す」では非対称にはならないので注意しよう。

＋1　「非対称の動き」は、団体作品にもよく使われる。回す腕の高さ、クラブを回すスピードなどをメンバー全員で揃えて見せることができれば、かなり同調性のアピールになる。難しい難度や操作と違って、こだわりをもって練習を重ねれば能力の高いチームではなくても武器にできる部分だ。

クラブ独特の操作をモノにする！

ポイント 12 見ている人をワクワクさせる華麗なジャグリングに挑戦！

動画でチェック！

大道芸人さながらの「ジャグリング」は、現在のクラブの演技ではひとつの見せ場になっている。手具操作が得意な選手なら演技中に1回はこの操作が入っており、複数回入れている選手もいる。単体で行えばそれほど難しいものではないが、演技の中に組み込めばかなりスリリングでインパクトがある操作だ。

ここがポイント！

はじめは落とさないように慌ただしくキャッチしたくなってしまうものだが、熟練してきたら空中でのクラブの回転もしっかり見せることを意識したい。空中での回転こそ、ジャグリングの見どころなのだ。

1　クラブを同時に投げ上げ、互い違いに回転させる。

①片方のクラブは胴を上に、もう片方は胴を下に向けて2本のクラブをもつ。

②胴を上にしたクラブは頭を前に押し出すように、胴を下にしたクラブは胴が手前に来るように同時に手から離す。

③空中で2本のクラブが逆回転するように回す。

- Check1　腕はまっすぐに伸ばしているか。
- Check2　2本のクラブは明確に逆の回転をしているか。
- Check3　クラブは2本同時に手から離れているか。

小さな投げ（ジャグリング）

2　クラブを1本ずつ交互に投げ上げる

①手首のスナップをきかせ、右手に持ったクラブの胴が手前に回転するようにする。

②回転をつけ、右手のクラブを離す。

③右手のクラブをキャッチすると同時に左手のクラブを同様に手から離す。

Check1　腕はまっすぐに伸ばしているか。
Check2　胴が手前にくるようにクラブを回せているか。
Check3　間髪を入れず交互にクラブを離しているか。

3　高い位置でクラブを交互に素早く持ち替える

①クラブの胴が上にくるように両手に持ち、左手のクラブを胴が奥に回るように手から離す。

②左のクラブが1回転したらキャッチしながら、右手のクラブも胴が逆に回るように手から離す。

③右手のクラブが回り終えたらキャッチし、すぐに左手のクラブを同様に離す。

Check1　腕はまっすぐに伸ばしているか。
Check2　クラブは左右それぞれ1回転しているか。
Check3　間髪を入れず交互にクラブを離しているか。

4　クラブを同時に投げ上げ、時差をつけてキャッチする

①クラブの頭を持ち、両腕を前に出す。

②胴が手前に回るように回転をかけ、左右同時に手から離す。

③片方は1回転、もう片方は2回転するように投げ、時差をつけてキャッチする。

Check1　腕はまっすぐに伸ばしているか。
Check2　クラブは左右で1回転と2回転になっているか。
Check3　明確に時差のあるキャッチになっているか。

+1　ジャグリングはバランスなどの難度中に行うこともできるが、多彩なジャグリングを見せやすいのはやはりダンスステップコンビネーションだ。ジャグリングが多彩だと、それだけステップにも変化が出て、曲にも合わせやすい。ジャグリングは技単体ではなく曲に合わせて練習するようにしよう。

クラブ独特の操作をモノにする！

ポイント13 2本のクラブを連結して長く使うことでアクセントをつけよう！

動画でチェック！

　この10年というものクラブの演技には欠かせないものになってきた「クラブの連結」は、クラブという小さな手具ながら手具の存在感を大きく見せる効果がある。さらに、クラブ1本の投げだと安定しない人でも、2本つなげて両手で投げることで投げが安定したり、バトンや男子新体操のスティックのような使い方もでき、DAなどにも使いやすい。クラブ操作の幅（はば）を、「クラブの連結」は間違（ちが）いなく広げてくれる。

　また、DAのベースである「体の2部位の転がし」(⇒ポイント15参照)は、連結したクラブでも有効なため、0.3の加点を狙（ねら）うことができる。連結したクラブだと見た目のインパクトもあり、1本で転がすよりも安定感があるため使わない手はない操作となっている。ただし、連結したクラブは思いがけないところで抜（ぬ）ける、というリスクはあるので気をつけたい。

ここがポイント！

　連結したクラブは、両手で持ったときに不用意に外側に引っ張（かん）らないようにしたい。つなぐのも、はずすのも簡単なのが、このクラブの利点なので、どう扱（あつか）うとはずれやすいのか把握（あく）して気をつけよう。

36

ジョイント

1 ジョイントしたクラブを投げる

① 連結したクラブを両手で体の前に持ち、膝を曲げて投げる構えに入る。

② 膝の屈伸を使い、斜め前の高い位置でクラブを手から離す。

③ クラブを離したあと、腕は少し後ろへ引く。

Check 1 クラブは床と水平に持っているか。
Check 2 両手が同時にクラブから離れているか。
Check 3 膝の屈伸をうまく使えているか。

2 ジョイントしたクラブをキャッチする

① 腕を伸ばし、高い位置でキャッチに入る。

② 手のひらを上に向けて迎えるようにキャッチ。

③ クラブを水平にしたまま腕を下げる。

Check 1 クラブの水平を保ったままキャッチしているか。
Check 2 キャッチするとき肘は伸びているか。
Check 3 キャッチしたクラブを水平にしたまま腕を下しているか。

3 ジョイントしたクラブを体の上で転がす

① 右腕を高く上げ、ジョイントしたクラブを転がし始める。

② 体を回転させながらクラブを背中で受ける。

③ 回転しながら背中から左腕に転がすように傾きを作り、転がし終えたらクラブをキャッチ。

Check 1 右腕⇒背中⇒左腕と転がるように体勢を変化させているか。
Check 2 転がしに気をとられて身体の回転が止まっていないか。
Check 3 クラブのジョイントはしっかりはまっているか。

 連結したクラブは、バトンやスティックと同じような長さになり、いろいろな扱いができるが、クラブの連結の場合は、決してバランスはよくないので、バトンやスティックとは違う難しさがある。見た目の長さではなく、連結した長さの中でもっともバランスがとれる支点を探すことが大切だ。

クラブ独特の操作をモノにする

ポイント14 アンバランスな形状で2本あるクラブならではの操作をマスターしよう

頭は小さなボール状、首は細く長く、胴が太くなって重い。クラブはこのアンバランスな形状ゆえに、スピードのある回しができたり、回転をつけて投げ上げたりができる。しかし、このアンバランスさが、体のどこかで保持しようとしても安定しにくく、思いがけない落下につながることもある。

しかし、この形状だからこそ「基礎でない手具技術」としてカウントされる「手具の不安定なバランス」にあたるものが多いのはうまく使えればクラブの利点とも言えるだろう。

バランスで上げた脚の足の裏にクラブをのせているが、これだけだととくに使い道はない。このまま片脚支持のローテーションに入ったり、足の裏にのせたクラブを小さく投げたりするとDBやDAへと発展する。

ここがポイント！

クラブを保持している位置は不安定だったとしても、「はさむ」場合は「不安定なバランス」にはあたらない。ただし、腰にはさむものはローテーション中であれば、「喪失の危険性を伴う」として認められる。

クラブ特有の手具操作

1　クラブを十字にしてのキープ

①片手で持ったクラブの上に十字になるようにバランスをとってクラブを置く。

②上になったクラブを落とさないように気をつけながら回転する。

③1回転以上回ったら、下のクラブを少し持ち上げ、クラブを浮かしてキャッチする。

Check 1 猫背にならず美しい姿勢を保っているか。
Check 2 怖がらずスピーディーに回転しているか。
Check 3 肘は曲がっていないか。

2　膝でクラブを持ち替える

①クラブの頭を外側に向け、右隣の膝裏にクラブをはさんで左脚だけで立つ。

②右膝を伸ばし瞬間的に、頭が後ろにきた形で両脚の間にクラブをはさむ。

③間髪を入れず、左膝を曲げ、頭が外側になるようにクラブをはさむ。

Check 1 右膝の伸ばしと左膝の曲げが瞬時に行われているか。
Check 2 片脚立ちのときしっかりふらつかずに立っているか。
Check 3 上体もぐらつかず美しく保っているか。

3　その他クラブの特徴的な操作

①手首とクラブの間にクラブをはさむ。

②そのままの上体を保持してアチチュードのローテーション。

①パッセのローテーションをしながらクラブ同士を打ち合わせる。

②打ちは最低1回で手具技術となるが、ローテーション中なら複数回打とう。

> **+1** 左右2つある唯一の手具であるクラブには、クラブならではの面白い操作が数多くある。熟練すればもっとも楽しく演技でき、最終的には得意種目になる選手も少なくない。団体でクラブを経験している選手たちは概してクラブ操作がうまい。まさに「練習は裏切らない」を実感させてくれる手具だ。

39

COLUMN3

教えてみすず先生!②
審判の採点は公平ですか?

　審判資格をもっている人たちは、年間何日も講習を受け、それ以外でも日々勉強を重ねています。とくに全日本レベルの大会の審判となると、審判としてのテストの成績や審判としての実績などで選び抜かれた人しか入れません。審判は選手の演技を評価し、採点する立場にありますが、同時に審判として常に評価にさらされてもいます。

　もちろん、審判も人間ですから、間違うことはないとは言えません。「好み」に関していえば、審判の中でも意見が分かれることも当然あります。だから、すべての人に納得してもらえるような採点をすることはかなり難しいとは思っています。ただ、それでも「あの人が採点したのなら」と、信頼してもらえるような審判でありたいと常に願い、努力もしています。私だけでなく、他の審判の先生方もほとんどがそうだと思います。

　ときには、審判が公平ではないように感じることがあるかもしれません。採点に不満があればそうなるのは当然です。ただ、そもそもなぜ「採点」してもらうために試合に出るのか、をよく考えてほしいと思います。試合に勝ちたいから出る、そういう面もあるとは思います。が、ほとんどの試合は「現状を把握するため」に出るのではないでしょうか。思ったよりも悪い点数だったとしても、「どこが評価されなかったのか」を振り返り、次に生かせるようにしてほしいですね。

Part 4
手具操作の見せ場「DA」で点数を積み上げよう（クラブ）

近年の新体操で大きな意味をもつ「DA」。
そもそも「DA」って何のこと？
「DA」の点数はどうやって決まるの？
どんな操作が「DA」になるの？
そんな疑問を解決しよう。

手具操作の見せ場「DA」で点数を積み上げよう（クラブ）

ポイント 15

「DA」の種類、考え方をしっかり理解して、使いこなせるようにしよう

リオ五輪(2016年)後のルール改正で導入された「DA」(手具難度)は、新体操の概念を大きく変えた。【ベース】+2つの基準を満たす操作を「DA」とし、その組み合わせによって0.2~0.4の得点を与えるという考え方は明快で、客観的な公正さがあった。しかし、2021年の東京五輪までは、「DA」の数に

DAの【ベース】となる手具操作 ※クラブ

クラブ特有の手具操作	
風車	体のあらゆる部位での滑らし
2本同時または次々の投げ受け	2本のクラブの高い投げ
2本のクラブによる非対称の動き	高い投げからの2本のクラブの受け
2本のクラブによる小円	**4手具共通**
身体の一部または他のクラブ周りでの自由な回転	身体の一部による突き/押し/リバウンドなど
手を使わない持ち替え	低い投げ受け/床からのリバウンド
ジョイントしたクラブの低い投げ	高い投げからの受け
2部位の大きな転がし	高い投げ

クラブのDA（【ベース】＋基準2、または【ベース】2＋基準1にて成立）

ベース	価値点	基準						
		視野外	手以外	脚の下	回転中	床上	波動	DB
風車	0.3	○	×	○	○	○	○	○
ジョイントしないクラブ2本の同時または次々の小さい投げ受け	0.3	○	○	○	○	×	○	○
2部位の大きな転がし	0.3	○	○	×	○	○	○	○
2本のクラブによる小円	0.2	○	×	○	○	○	○	○
1本または2本のクラブによる身体の一部または他のクラブ周りでの自由な回転	0.2	○	○	×	○	○	○	○
手の補助なしの持ち替え	0.2	○	○	○	○	○	○	○
体のあらゆる部位でのクラブの滑らし	0.2	○	○	×	○	○	○	○
ジョイントしたクラブの小さい投げ	0.2	○	○	○	○	×	○	○
低い投げ受け/床からのリバウンド	0.2	○	○	○	○	×	○	○
突き/押し/体でのリバウンド	0.2	○	○	○	○	×	○	×
高い投げ	0.2	○	○	○	○	○	○	○
2本のクラブの高い投げ	0.3	○	○	○	○	○	○	○
高い投げからの受け	0.3	○	○	○	○	○	○	○
片方のクラブを保持したまま、高い投げからの1本のクラブの受け	0.3	○	×	○	○	○	○	○
高い投げからの2本のクラブの受け	0.3	○	○	○	○	○	○	○

DAの種類

上限がなかったため、1つの作品にいかに「DA」を多く入れられるかの勝負になってしまった面は否定できない。

そして、2022年のルール改正によって、DAの回数には上限が設けられ、損なわれがちだった「芸術性」をジャッジする審判が実施とは別に置かれるようになった。今回のルール改正ではDAの上限がジュニアは12、シニアは15になった。2024年まではジュニア15、シニア20だったので、「DA頼みの演技」にはならないように、という意図が感じられる。

DAはたしかに、見ていて面白い、スリリングなど、演技の良いアクセントになる面はある。手具操作と身体表現の組み合わせという、新体操ならではの良さを体現しているとも言えるだろう。だからこそ、今回のルール改正でも生き残り、マイナーチェンジこそはあれど「DA(手具難度)」は継続された。

この先も、新体操においては、欠かせないものになりそうな「DA」の考え方を整理してみよう。「DAは、1つの【ベース】＋2つの基準を満たす手具による難度のこ

ここがポイント！

2024年までは基準として認められていたが、今回のルール改正では「脚の下」「床上」は認められない場合が増えた。また、床に寝た状態でのDAは連続3つまでしか認められず、4連続になると0.3減点になるので気をつけよう。

と」だが、この【ベース】とは何か。ベースは手具によって違うので、ここではフープの【ベース】を表にまとめておく。DAには、必ずこの【ベース】から1つ（2つでも可）を行うことが必要となる。

さらに、基準と呼ばれる要素、この中の最低2つを満たしながら【ベース】を行うことでDAが成立し、【ベース】の種類によって0.2～0.4の得点を得ることができるのだ。まずは、どの手具操作が何点の価値をもった【ベース】になるのかを知り、そこにどう基準を追加すればよいか、参考になる動画などを見て研究しよう。

0.2
【低い投げ】＋回転中＋手以外＋視野外

0.2
【低い投げからの受け】＋手以外＋視野外

0.3
【高い投げからの受け】＋回転中＋手以外＋視野外

0.3
【風車】＋回転中＋脚の下

43

手具操作の見せ場「DA」で点数を積み上げよう（クラブ）

ポイント 16

意外と簡単なものも。0.2のDAには怖がらずにチャレンジ!

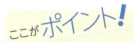

2025年ルールからは、DA は必須ではなくなったのでジュニア選手や初心者は無理に入れる必要はない。が、先のことを考えれば少しずつでも、DA に取り組み、自信をもってできるものを増やしておきたい。

まずは、高い投げや大きな転がしなど、落下のリスクが大きい操作なしでもできる 0.2 の DA からやっていくとよいだろう。クラブでは【小円】【ジョイントしたクラブの低い投げ】【低い投げ】などをベースとした DA からまず始めてみよう。

また、初心者にはかなり難易度の高い【風車】は、ベースとする DA は 0.3 にもなる。正確な風車ができるように練習を重ねたい。ジュニアならば技を習得しようと必死になるのではなく手具で遊ぶ、そんな感覚の中からできる DA が増えていけば理想的だ。

ここがポイント!

クラブの頭は小さいので、つかみ損ねやすい。視野外のキャッチでも直前にしっかり距離感を確認して確実にキャッチしよう。

1 【低い投げ受け】＋回転中＋視野外＝0.2

①片方のクラブを小さく投げ上げる。

②もぐり回転をしながら腰の高さでクラブをキャッチ。

③体を起こす。

Check 1 側転はスムーズにできているか。
Check 2 クラブをキャッチするタイミングは適切か。
Check 3 キャッチしてから素早く起き上がれているか。

価値点0.2のDA

2 【低い投げ受け】+手以外+視野外=0.2

①クラブの落下点を確認し、真下に入り両腕を挙げて構える。

②挙げた腕の高さくらいまでクラブが落ちてきたら、腕を後ろに引き、あごを引いてクラブを受ける体勢になる。

③クラブが腕に触れたら、腕をやや前に引きしっかりはさむ。

- Check1 挙げた両腕は十分に後ろに引けているか。
- Check2 両腕を引くタイミングは合っているか。
- Check3 クラブを受けたあと、腕でクラブを押えているか。

3 【低い投げ受け】+回転中+手以外+視野外=0.2

①膝裏にクラブをはさみ、倒立に入る。

②クラブをはさんだまま倒立し、真上まできたらクラブを膝裏から離す。

③起き上がりながら、クラブをキャッチする。

- Check1 クラブは体が真上まできてから離しているか。
- Check2 キャッチしやすい位置でクラブを離しているか。
- Check3 つま先、膝の伸びた美しい転回ができているか。

4 【低い投げ受け】+回転中+視野外=0.2

①2本のクラブを同時に投げ上げる。

②片方のクラブは正面、もう片方は背面でキャッチしながら側転に入る。

③キャッチしたら片手で側転する。

- Check1 片手側転はスムーズに回れているか。
- Check2 背面キャッチしやすい位置に投げているか。
- Check3 投げの高さは足りているか。

 【低い投げ】をベースにしたDAは、熟練してきて投げに高さを出せるようになり、選手の身長の2倍の高さまで上がるようになったら【高い投げからの受け】となり、DAの価値点も0.3に上がる。低い投げが安定してきたらより高く投げることができるように練習しよう。

手具操作の見せ場「DA」で点数を積み上げよう（クラブ）

ポイント 17

演技をスリリングにする投げ受けのあるDAもやってみよう

動画でチェック！

　手具の投げ受けは難しい。初心者にはもちろんのこと、熟練した選手でも「まさか」のミスが出てしまうのが投げ受けだ。とくに「高い投げ」となると、力が入ってしまい思いがけないところに飛んでしまい、場外！にもなりかねない。

　ルール上は、DAやRは必須ではなくなったので、投げ受けの確率が低い間は無理に入れる必要はないと思う。しかし、風車や身体上での転がしなどはやったつもりでいても、不正確だとカウントされてないのに対して、投げ受けは成功さえすれば、実施減点はついたとしてもほぼ認められる頑張りがいのある操作でもある。怖がったり、苦手意識をもったりせずにはじめは落下しても練習を続け、確実にできる投げ受けを増やしていこう。

ここがポイント！

「受け」を成功させるポイントは、落ちてくる手具との位置とタイミング。この2つが安定すれば成功の確率は上がる。成功したときの手具との間隔、キャッチの体勢を作るタイミングを把握し、毎回それができるように練習していこう。

1　【高い投げからの受け】＋脚の下＋手以外＝0.3

①クラブを高く投げ上げる。（この写真はクロス投げ）

②落下点を見極め、座でキャッチの体勢に入る。

③クラブが床につくのと同時にもう片方のクラブで上から押さえる。

Check1　クラブの落下点をしっかり見極めているか。

Check2　クラブが落ちてくる間もクラブを見ているか。

Check3　こぼさないように最後までしっかり押さえているか。

投げ受けのあるDA

2 【高い投げからの受け】＋回転中＋手以外＋視野外＝0.3

①クラブの落下点を確認しながら後方転回に入る。
②後方転回しながら、落ちてきたクラブを、手に持ったクラブで押さえる。
③クラブを押さえたまま後方転回する。

Check 1 クラブの落下点との距離は適切か。
Check 2 回転しながらのキャッチになっているか。
Check 3 膝、つま先の伸びた美しい後方転回ができているか。

3 【高い投げ】＋回転中＋手以外＋視野外＝0.2

①投げる方のクラブを持った腕は、クラブを蹴り上げやすい位置に出し、もう片方の腕だけで支持しながら前方転回に入る。
②前方転回しながら、開脚した脚が床と平行になったくらいの高さでクラブを蹴り上げる。
③素早く上体を起こし、クラブの落下点を確認し、腕を伸ばしなるべく高い位置でキャッチする。

Check 1 膝、つま先が伸び、スピードがあり、まっすぐに回る美しい前方転回ができているか。
Check 2 クラブを蹴り上げる位置が、低くなりすぎていないか。
Check 3 クラブを蹴り上げたあと、素早く体を起こし、キャッチに備えているか。

4 【高い投げ】＋回転中＋手以外＝0.2

①片脚の足の裏にクラブを1本のせ、そのまま前転に入る。
②クラブをのせた足の裏が、上にきたところで膝を少し伸ばして、回転する力でクラブを投げ上げる。
③素早く上体を起こし、クラブの落ちてくる位置を目で確認し、手を伸ばしてなるべく体から遠くでキャッチする。

Check 1 クラブをのせる方の足の土踏まずをぎゅっと縮めてクラブをのせ、なるべく床と平行を保ちながら前転しているか。
Check 2 低い位置でクラブから離さず、なるべく高くで離すようにしているか。
Check 3 前転している最中にクラブの飛んだ方向を確認しているか。

 【前転脚投げ】は高い投げと認められる高さを出すのは難しいが、高さが足りなくても0.2のDAとしては認められる。「高い投げ」には身長の2倍の高さが必要だが、立位ならば身長160cmの場合は床から480cmになるが、前転で投げた場合は前転の姿勢での高さ（60cm位）＋320cmなので床からは380cmと少し低くてもよいことになる。

クラブ独特の操作をモノにする！

ポイント18 投げ受けなしでも0.3になるDAに挑戦！

動画でチェック！

　見るからにリスクの高い【高い投げ受け】がなくても、0.3のDAを成立させることはできる。クラブにおいては【風車】【ジョイントしないクラブの小さな2本投げ】【大きな2部位の転がし】が、0.3のベースとなっている。とくに風車は、汎用性が高くDA以外にもさまざまな場面で使えるため、練習する頻度も高いはずだ。それだけに視野外、回転中などの基準をつけることにも挑戦しやすいのではないかと思う。とくに投げ受けに苦手意識がある場合は、風車に焦点を絞って強化する手もある。

　風車は、価値が高いだけでなく、演技に、クラブならではの表現を入れ込みやすい。動きや顔の表情次第で力強くも軽快にも見せられるのが風車なのだ。今回のルール改正でより重視されるようになった芸術性での評価を高めるためにも風車の上達は不可欠と言えるだろう。

　【ジョイントしないクラブの小さな2本投げ】は、まずは1本で成功させる練習をし、慣れてきたら2本同時に投げるようにしよう。1本の小さな投げでも0.2のDAにはなるので、徐々にレベルアップをはかるとよいだろう。

ここがポイント！

クラブは4手具の中でもっとも【ベース】の種類が多い。2本あるという特性からも、手具操作では非常に工夫の余地のある手具だと言える。クラブの操作が得意になればテクニカルな選手という評価も得られやすく、手具操作の練習も楽しくなるはずだ。

1　【風車】＋回転中＋脚の下＝0.3

①脚の下で両腕をクロスさせ風車の形を作りながら前転に入る。

②前転しながら脚の下で風車をする。

③風車しながら起き上がる体勢になる。

Check1　しっかり頭を入れてスムーズな前転ができているか。

Check2　風車をしているとき、伸ばしたほうの脚の膝は曲がっていないか

Check3　風車は最低でも4回は円ができているか。

48

投げ受けのない価値点0.3のDA

2 【2本投げ】＋手以外＋脚の下＝0.3

①膝立ちで2本のクラブを回転を変えながら同時に投げ上げ、まず右手で1本のクラブをキャッチ。

②クラブを持った右腕を脚の下に差し込む。

③落ちてきたクラブを床の上で押さえる。

Check1 クラブは2本とも空中で360度以上回転しているか。
Check2 脚の下になる右腕はなるべく深く差し込んでいるか。
Check3 床上でクラブを押さえるときは最後まで目を離していないか。

3 【2本投げ】＋回転中＋視野外＝0.3

①クラブは2本を同じ手に持ち、もぐり回転に入る。

②頭が下にきたところで、2本のクラブを同時に小さく投げる。

③起き上がりながら2本のクラブをキャッチする。

Check1 クラブを手から離すタイミングは適切か。
Check2 クラブは投げ中に360度回転しているか。
Check3 もぐり回転はスムーズに回れているか。

4 【2部位での大きな転がし】＋回転中＋視野外＝0.3

①右腕を高く上げ、ジョイントしたクラブを転がし始める。

②体を回転させながらクラブを背中で受ける。

③回転しながら背中から左腕に転がすように傾きを作り、転がし終えたらクラブをキャッチ。

Check1 右腕⇒背中⇒左腕と転がるように体勢を変化させているか。
Check2 転がしに気をとられて身体の回転が止まっていないか。
Check3 クラブのジョイントはしっかりはまっているか。

 【ジョイントされていないクラブの2本投げ】は、360度の回転を伴わなければならない。ただ上に投げて落ちてくるのではなく、空中で回転するように投げること、またキャッチしやすいような回転で投げることが必要となる。

COLUMN 4

勝負が決まる！ 運命のクラブ

　新体操の個人総合競技はフープ、ボールが前半種目、クラブ、リボンが後半種目になっている。（ジュニアはロープが入る年がある）

　そのため、クラブは最終種目として回ってくる場合が多いのだ。3種目までがよかった選手は、ときには優勝のかかった演技としてクラブが回ってくる可能性が高い。

　ただでさえ緊張するそういう局面で、よりによってクラブが回ってくる選手の気持ちは察するに余りある。

　緊張していると、普段通り体が動かない。ときには手が震えたりもする。それなのに、クラブという手具はわずかな狂いも許してくれない。フープなら何とかキャッチできたかもしれない程度の投げの狂いでも、クラブだとおそらく落下になってしまう。

　だから。

　4種目総合の試合に出るような選手は、クラブは他の種目以上に十分な練習を積んでおかなければならない。自信をもって臨んでもミスが出るのがクラブ。最終種目で回ってくればなおさらだ。

　どんな状況で回ってきても、頭が真っ白になるくらいの緊張状態で何も考えられなかったとしても、体が動く。そのくらいクラブの演技はやりこんでおく。

　そこまでやって初めて、運命の分かれ目のクラブを制することができるのだ。

　つい先日も最後の最後、クラブをノーミスで通しきり、全国大会での初優勝を決めた選手を見た。クラブの演技を終えた瞬間、その選手は感極まったような表情を見せた。最終種目・クラブならではのドラマだった。

リボン操作の基本を身につける

みんながあこがれるリボンだけど、
操作は4手具中で一番の難しさ。
だからこそ基本中の基本からしっかりマスターして
「リボンの名手」をめざそう

リボン操作の基本を身につける

ポイント 19

リボンで形を作って、形を美しく見せながら、中をくぐり抜ける

動画でチェック!

右手にスティックを持ち、体の前で大きく円を描きながらリボンを飛び越すようにステップ。

リボンの先端とスティックを持ち、リボンを輪にして大きく回し、その中をくぐり抜ける。

NG!
リボンのかきが弱く、円が明確に見えない。

　リボンの基礎技術の中で、初心者でもいちばんやり易いのは、「リボンの形の中をくぐり抜ける、または上を超える」というものだろう。発表会などで小さい子どもたちのリボンの演技では、よくこの操作が使われている。手具操作の比重が上がっている現在では、初心者や小さい子どもでも早くから手具には親しむべきであるが、リボンばかりは熟練していない人が扱うのは非常に難しいので、この操作の出番が増えてしまうのだ。

　リボンの練習を始める場合は、まず大きくリボンで円をかくことから始め「くぐり抜け」につなげよう。リボンで大きく円をかくときには、リボンに張りがあり、形が明確に見えるように、また床にリボンがつかないように操作することをしっかり身に

ここがポイント!

　リボンで大きく円をかくときは、手の先だけでなく腕から大きく動かすように意識しよう。肩が硬い場合は、腕の回しがスムーズにいかずリボンの軌跡に狂いが生じるので十分に柔軟を行おう。

つけよう。演技の中に入っている「くぐり抜け」だけでなく、リボンには欠かせない「はらい」も、この操作の練習によって向上することができる。

　リボンの先端まで、腕の力や動きを伝えるという意識をもってひとつひとつの操作をすることでリボンの軌跡ははっきりと見えるようになり、からまりや結ばりなどのミスも起きにくくなる。「こんなの簡単!」と軽んじることなく練習しておこう。

リボン操作の基本を身につける

ポイント 20

空中、または床上で均等で明確な形の「らせん」をかこう！

動画でチェック！

同じ大きさの円を空中で最低4個作る。リボンの先端まで力が伝わるようにかく。

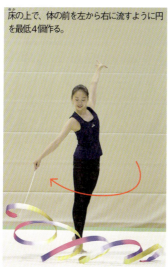

床の上で、体の前を左から右に流すように円を最低4個作る。

NG！

円の大きさがまちまちで、正確に円になっていない。形も明確に円になっていない。

ここがポイント！

「らせん」が力強く、正確にできるとリボン巧者と印象づけられる。正確に円をかき、リボンの先端が床につかないように練習しよう。

　リボンの操作は、「それは無理！」というものもある。らせんで「最低4個の同じ大きさの円をかくこと」も「床にリボンがつかないようにする」ことも、トップ選手でもじつはなかなか難しい。ましてや演技中となると、リボンの操作だけでなく動きもついてくるのだから、難易度が高い種目である。

　しかし、だからといって、「大体できていればOK」にしていれば、いつまで経っても進化しない。特にかきが弱いままだと、大きなミスにつながりやすいので、やはり基本には忠実に、すぐにはできなくても「正しいやり方」を身につけたい。

　日本体操協会のホームページには日本代表選手のトライアウトの課題となっている「手具の基本動作」の動画が公開されている。かなり基本的なものからやや高度なものまであるので、ぜひ参照してほしい。

※「手具の基本（リボン）」（日本体操協会）
https://www.youtube.com/watch?v=RypsfQJAhK0&feature=youtu.be

53

リボン操作の基本を身につける

ポイント 21

空中、または床上で間の詰まった均等な「蛇形」をかこう!

動画でチェック!

体の前の高い位置での蛇形。腕を動かすのではなく手首でスティックを揺らし、ほぼ同じ形の波が最低4個できるのが理想だ。

低い位置での蛇形。右腕を左から右へと動かしながらスティックの後を追うように蛇形をかいていく。このときも同じ形の波が最低4個できるようにする。

蛇形にはなっているが、波の大きさが揃っていない。「リボンの図形の乱れ」として0・1の減点になってしまう。

NG!

【水平の蛇形】

【垂直の蛇形】

ここがポイント!

蛇形には、波が床に対して水平なものと垂直なものがある。蛇形は、少しでも緩むと絡まりやすいので注意しよう。

　リボンの基礎技術の3つ目「蛇形」は、演技中にもよく使われる操作である。身体難度やステップに合わせる場合は、きちんと「均等な波が4つ」できていないと蛇形とは認められないが、リボンは常に動かしておかないと床についてしまうため、つなぎの動きなどで、リボンを動かす必要があるときなどにも蛇形を使うことがある。ただし、不用意にリボンを動かしていると、リボン同士がからんでしまったり、スティックにリボンがひっかかったりしやすいのが蛇形の怖さでもある。常にスティックからリボンの先まで力を伝えるように意識して、手首のスナップをきかせてしっかり軌跡をかくように操作したい。

　リボンの先まで力が伝わっていないと、蛇形の途中で先のほうに結び目ができてしまうことも多いので注意しよう。慣れてきたら、床上や背面などさまざまな位置での蛇形にも挑戦してみよう。(⇒ポイント29参照)

リボン操作の基本を身につける

ポイント22 小さく、または中くらいの高さでスティックを空中で回転させよう!

動画でチェック!

リボンを一度大きく回し、リボンが空中に漂っている間に、左手に持ったスティックを、顔の前あたりで回転させながら放す。

宙に浮いたスティックを、右手でキャッチし、その後、腕から大きく旋回してリボンを横または後ろに大きくはらう。

NG!
リボンがたるんでしまい、床についている。

　初心者のころは、この「エシャッペ」がどうやっているのかなかなか分からず、手品のように見えていたのではないだろうか。実際、やってみると、これが案外難しく、リボン操作の中では苦手にする人も多いが、まずは慌てず「リボンを床につかないよう動かす」⇒「タイミングと位置を決めて、スティックを放す」⇒「スティックをキャッチしてすばやくリボンを動かす」の３つに分けて練習してみよう。はじめのうちは、スティックを持ち替えることにばかり意識がいき、あわただしくなってしまいがちだが、実はリボンの動きと連動しながら、スティックはふわっと浮かせるように放したほうが余裕をもってキャッチできる。まずは手から放すところまでを練習して、思うようにスティックが浮くように

ここがポイント!

　エシャッペは、ほかの基本操作に比べると少し難易度が高い。いったんスティックを手から放すため、つかみ損ねたり、リボンを一緒につかんでしまうなどのミスが起きやすいのだ。また、エシャッペを行っている最中もリボンが床につかないのは鉄則なので、エシャッペの前後にはしっかりリボンを動かすことが重要だ。

なったらキャッチまで続けて練習しよう。
　単独に練習すればうまくできるようになっても、はじめはあまり難しい動きと組み合わせず落ち着いて操作できるようにするとよいだろう。

COLUMN 5

教えてみすず先生！③
表現力はどうしたら身につけられますか？

　天性の表現力をもった人なんて、そうそういないと思います。新体操だけはなく、バレエやダンス、ピアノや歌など様々な「表現力」が求められるものに打ち込んでいる人達の大半は「もっと表現力があればなあ」と思っているんじゃないでしょうか。

　表現力がないと言われてしまう人は、おそらくもともと「表現したいという気持ちが少ない」のではないかと思います。気持ちがないのに、顔の表情や指先の動きなど小手先で表現力がある風に見せても、それは本物ではないですよね。技術的には拙かったとしても、溢れるくらいに「表現したい気持ち」を持っている人が踊れば、それは人の心を捉えます。まずは、自分の感情の起伏をもっと大きくすることを日々の生活の中で心がけてみましょう。そうすれば「表現したい気持ち」が自ずと生まれてくると思います。

　私が指導しているジュニアクラブでは、幼い子ども達には発表会でも日本語の歌の曲で踊らせることが多かったです。幼い子どもでも意味がわかり、感情移入しやすい曲で踊ったほうが子どもなりに表現できると思っていたからです。

　もう高校生だから、大学生だからと急に「表現力」を求められても、それまでに表現してきた積み重ねもなく、感情を育てることもしていなかったら、「表現力って？」と頭を抱えてしまうのも無理はないのです。一朝一夕に手に入れることは難しいですが、今からでもやれることをやっていけば、きっと変わってくると思います。なによりも変わりたい！という気持ちをもつことが大事なのです。

難易度の高いリボンの投げ受けを得意にしよう!

演技の最大の見せ場となる「投げ受け」
しかし、リボンは、5手具の中でもっとも
「投げ受け」の難しい手具だ。
だからこそ攻略しがいがあるとも言える。
演技の幅を広げるさまざまな投げ受けのコツを公開!

難易度の高いリボンの投げ受けを得意にしよう！

ポイント 23

基本的な「投げ受け」を確実なものにしてミスを減らそう！

動画でチェック！

　リボンの投げは、ある程度、経験を積んできた選手であっても難しく、トップ選手が集まる大会であっても、ミスはよく起きる。しかし、稀にリボンが極端にうまい選手もいて、90秒の演技中本当に床にリボンがふれることもなく、「いつの間に！」という素早さで投げる。こういう選手に共通しているのは基本の確実さ、正確さだ。「基本の投げ」ならば、100回投げても同じようにできるくらいに徹底して正しいやり方、形を体に覚え込ませている。

　それは当たり前のことではあるが、リボンのように難しい手具ほど「基本の差」が出やすい。あいまいなやり方のままではより高度な技を習得することはできないので、基本をとことん練習しよう。

ここがポイント！

　リボンの投げ受けの難しさは、リボンが長く、形が変化するだけでなく、スティックの細さによるものがある。せっかくキャッチできそうな投げができていても、最後の最後でスティックをつかみ損ねての落下は少なくないのだ。しっかり手でスティックをつかむ瞬間まで目を離さず、またスティックがどんな落ち方をしてきても取れるように様々なパターンを練習するようにしよう。

基本の投げ受け

1. 基本の投げ

リボンを大きく回した後、スティックを小さく投げ上げる。

リボンのスティックとのジョイント（金具）近くを捕まえる。

遠心力を使いながら、スティックを後ろに回す。

Check 1 リボンのつかむ位置とジョイントの間隔は適切か。

Check 2 スティックを回すとき、リボンが体に近くなっていないか。

Check 3 リボンから手を放すのが早すぎたり、遅すぎたりしていないか。

スティックの重みを感じながら、肩の高さあたりでリボンを手から放す。

リボンの先端が床につかないように高く投げ上げる。

リボンがスティックにひっかかっている！

NG!

リボンが体に近いままスティックを回すとこういうミスが起きやすい。

2. 基本の受け

リボンの落下点を確認し、なるべく高い位置でキャッチできるように腕を伸ばす。

高い位置でスティックをキャッチする。

腕を大きく回し、リボンを後ろにはらい、リボンが床につかないようにする。

> **+1** 「基本の投げ」とは言っても、この投げは初心者にとってはかなり難しい。はじめにいったんスティックを放すので、リボンをつかめなければ落下になり、つかむ位置が良くないと投げもコントロールできなくなってしまう。気をつけるポイントが多いので、完全にマスターできるまで練習しよう。

難易度の高いリボンの投げ受けを得意にしよう！

ポイント24 さまざまな「手で投げる」に挑戦しよう！

「手で投げる」のは手具操作の基本中の基本であり、決して難易度は高くないはずなのだが、リボンに関してはそうは言えない。手具に初めて触る子どもでも、リボン以外の手具はとりあえず投げ方が分からないということはないだろうが、リボンは普通にスティックを持ってそのまま投げだしたのではいくらも飛ばない。

リボンやスティックを回した円運動を利用して投げることを意識して、スティックの重さをうまく利用して投げられるようになれば、ある程度、高く遠くまでリボンを投げることができる。

他の手具に比べると、なかなか上達が感じられないかもしれないが、それだけに得意になれば、大きなアドバンテージになる。リボンの投げは、繰り返し練習あるのみだ。

ここがポイント！

リボンは形が定まらないうえに、軽くて長く、気候の影響も受けやすいので、できていたはずの投げが本番では失敗することも少なくない。天候や湿度などのコンディションにも気をつけよう。

手で投げる

1 スティックとリボンを持って投げる

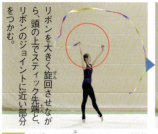
リボンを大きく旋回させながら、頭の上でスティック先端と、リボンのジョイントに近い部分をつかむ。

左手はスティックを持った右手を下げ、スティックを持った右手を後ろから前に回す。

回したスティックの遠心力を利用して、リボンを斜め上に投げ上げる。

- Check1 リボンには張りをもたせて操作できているか。
- Check2 スティックを回すときにリボンを引っかけていないか。
- Check3 リボンは体の斜め前あたりで手から放しているか。

2 後ろに向かって投げる

リボンはジョイントに近い部分をつかみ、スティックを後ろから前に回す。

回したスティックの遠心力を利用して、リボンを投げ上げる。

前に投げるときよりも、めに放すようにする。リボンを少し遅

- Check1 リボンには張りをもたせて操作できているか。
- Check2 スティックを回すときにリボンを引っかけていないか。
- Check3 腕を伸ばし、リボンを高い位置で手から放しているか。

3 リボンを大きく回して投げる

右手でスティックを持ち、腕を大きく回してリボンで大きく円を描く。

スティックが後ろにきたときに、膝を曲げ、屈伸を使ってリボンを投げ上げる。

なるべくリボンの端が床に残らないように、大きく投げ上げる。

- Check1 リボンは明確に弧を描いているか。
- Check2 屈伸をうまく使って投げに力を与えられているか。
- Check3 リボンが床に残らないように高く投げられているか。

 リボンの「手での投げ」には、スティックの重さを生かしたものも多い。慣れない間は、はじめからリボンの金具に近いあたりを持って投げる練習をし、慣れてきたら、スティックを小さく投げ、宙に浮いたリボンをつかんで投げる練習をしていこう。

難易度の高いリボンの投げ受けを得意にしよう！

ポイント 25

リボンならではの見せ場 「足での投げ」に 挑戦しよう！

動画でチェック

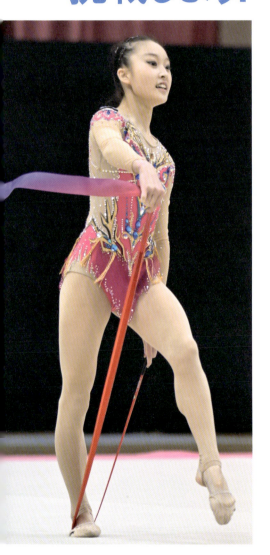

　ただでさえ難しいリボンの投げを「足で投げる」！そんなのとても無理‼と言いたくなるかもしれないが、それが案外そうでもないのだ。足で投げる場合は、たいていがリボンを足に掛けて、回転しながら投げる。最初からうまくはできないだろうが、慣れてくると手で投げるよりもリボンに回転力が伝わりやすく、足投げのほうが得意になる選手も少なくないのだ。

　しかし、前方や後方の転回をしながら投げることになるので、アクロバット要素が苦手な選手にとっては少しハードルが高くなる。足投げの練習に入る前に、アクロバットの十分な練習をしておこう。

ここがポイント！

足投げの際には、リボンを折りたたんで足にかけるが、このとき、意外とリボン同士がからんだり、結び目ができてしまったりしやすいので、足投げのときはリボンの掛け方にも注意しよう。

足で投げる

1 前方転回しながら足でスティックを蹴り上げる

スティックを持った右手を左肩の後ろに振り上げ、リボンをはらい、シャッセに入る。

右手をはらい、リボンで大きく円をかきながら、前方転回に入る。

前方転回しながら、右手はスティックを保持しておく。

両脚が同じ高さになったあたりで、スティックを足で蹴り上げる。

リボンの行方を目で追いながら、キャッチの準備をしながら起き上がる。

Check1 前方転回はスムーズかつスピーディーにできているか。
Check2 はじめにリボンをしっかりはらえているか。
Check3 スティックを蹴り上げるタイミングは適切か。

2 前方転回しながらの足投げ

リボンを足に掛けたまま、右足を一歩前に出す。

リボンを折りたたんで左手に持ち、リボンのジョイントの近くを左足の裏に掛ける。

リボンの飛んだ方向を確認しながら上体を起こす。

前方転回で脚が真上にきたあたりで、つま先を伸ばしリボンを足から放す。

右手はスティックから放し、リボンは足に掛けたまま前方転回に入る。

Check1 前方転回はスムーズかつスピーディーにできているか。
Check2 リボンを掛ける足はしっかり外側を向いているか。
Check3 リボンを足から放すタイミングは適切か。

足でリボンを投げる際は、スティックの重みを感じるようにすると転回中に落ちない。投げる瞬間には、つま先をスティックの方向に向けて伸ばすようにするとコントロールできる。

難易度の高いリボンの投げ受けを得意にしよう！

ポイント 26

演技にインパクトを与える難しいキャッチにも挑戦してみよう!

リボンは他の種目に比べると、キャッチのバリエーションが少ない。キャッチからブーメランにつなぐような特殊なものを除けば、細いスティックをキャッチしなければならず、またキャッチしたあとにリボンをはらう必要があるため、「手以外」「視野外」などのキャッチがしにくいからだ。そのため、受ける際に追加基準をつけるとしたら「回転中」が多くなる。前方、後方の転回や側転、もぐりなど、リボンのキャッチのバリエーションを増やすためには回転系の技を練習しておこう。

ここがポイント!

難しいキャッチの場合は、どうしてもキャッチした後のはらいがおろそかになり、体にリボンがつく、リボンがからまるなどのミスにつながりやすい。いつも以上に、しっかりはらうことを意識しよう。

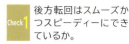

1 後方転回しながらのキャッチ

リボンの落下点に入り、後方転回しながらスティックをキャッチ。

左手で支持し、右手ではリボンで円を描きながら、後方転回する。

起き上がったら、リボンをはらい大きな円を描く。

Check1 後方転回はスムーズかつスピーディーにできているか。
Check2 落下点の見極めはしっかりできているか。
Check3 転回中もリボンで円を描けているか。

2 スティックを脚ではさんでキャッチ

リボンの落下点を見極め、座の姿勢をとる。

リボンが目の前を通過するあたりで膝を開く。

スティックを脚ではさみ、背中を伸ばした美しい姿勢をとる。

Check1 リボンの落下点にきちんと入り、移動せずにキャッチできているか。
Check2 膝を開閉するタイミングは適切か。
Check3 座の姿勢になるまでの動きはスムーズか。

3 リボンをキャッチしてブーメランにつなぐ

リボンの落下点に入り、高い位置でリボンの端近くをキャッチする。

体を半回転させながら、スティックの重みでリボンを床と平行に滑らせる。

リズムよくリボンをたたみながら、スティックをたぐりよせる。

Check1 リボンの落下点を見極め、移動せずにキャッチできているか。
Check2 リボンの端はある程度残して適正な位置をキャッチしているか。
Check3 スティックをたぐり寄せるときに、リボンがからまっていないか。

 リボンを受ける前に回転したり、座の姿勢をとるためには、リボンの投げにある程度の滞空時間がなければならない。力強く高い投げができないと、難しいキャッチはかなりハードルが高い。まずは、しっかりコントロールされた高い投げができるように練習しよう。

難易度の高いリボンの投げ受けを得意にしよう！

ポイント27 リボンでミスの起きやすいポイントを知り、対処できるようにしよう

　たとえば世界選手権や全日本選手権など、トップレベルの選手たちが出場した大会でも、得点をよく見てみると、リボンだけが低いことがままある。**優勝した選手でも、リボンだけは他の種目よりも2点近く低いということも珍しくない。それだけ、リボンはミスも起きやすく、減点箇所も多いということだ。**

　それだけに、リボンが得意であれば、差をつけやすい種目ではあるのでやりがいはある。減点箇所が多いということはそこを少しずつクリアしていければ、実施点ののびしろも大きいとポジティブにとらえ、基本的な操作をしっかり練習していこう。ただし、**リボンにはとりかえしのつかない大減点があり得る怖さがある。**そうならないための対処の仕方も知っておこう。

ここがポイント！

リボンがからむ、結ばるなどのミスは、リボンが湿気を帯びているために起きることが多い。またはじめからリボンが折れていたり、よれているのも大きなミスの原因になるので要注意だ。

湿気の多い時期はアイロンをかけてリボンのコンディションを整えよう！

ミスの起きるポイント

1 リボンが体につく

体の周りで大きく円を描くようにリボンを回す。

リボンの先が体についてしまっている。

2 リボンの軌跡が乱れる

ターンをしながららせんをかき始める。

らせんの円が大きさも高さも不ぞろいで乱れている。

3 リボンが床につく

投げに入る前に大きくかいたつもりが、リボンの先が床についている。

低い位置でのらせんは床についてしまいがちだ。

4 結び目ができる

らせんや蛇形の先のほうで結び目ができてしまうことも。固く結ばっていると気がつかない場合も。

ゆるい結び目や大きい結び目はすぐにほどくようにしよう。

スティックにリボンが引っかかってしまってからまり結び目になることもある。

ATTENTION!

リボンを束ねて持つときに、持ち方によってはそこでからまることがある。

リボンの演技中に結び目ができてしまった場合、小さな結び目で操作にも最小限の影響しかない場合で0.1、中くらいか大きな結び目で操作に影響が出ている場合、0.5の減点になる。演技を中断してほどくのとどちらがよいか判断することが大切だ。

67

COLUMN6

リボンは「努力を裏切らない」

　新体操を始めた理由が「リボンにあこがれて」という選手は多い。新体操を始めたばかりの子ども達にもリボンは大人気でたとえぐるぐる巻きになっても、本人たちは華麗にリボンを扱っている気分に浸っている。それだけ、リボンは魅力的な手具なのだ。

　しかし、リボンくらい上達に時間がかかり、また、思いがけないミスでびっくりするような点数になってしまうリスクをもっている手具はほかにはない。

　そんなリボンには苦手意識をもつ選手が多いが、まれに、「リボンだけ突出して上手い」選手もいる。減点箇所の多いリボンは、ほとんどの選手が4種目の中でもっとも低い点数になってしまうのだが、たまに他の種目よりもリボンの点数が高い選手がいるのだ。そういうリボンが得意な選手のリボンには、演技が始まったとたんに、命が宿る。空中でも選手が意図したとおりにリボンが動き、床につく気配すらない。

　投げに入るのももの凄いスピードで何が起きたかわからないうちに、リボンが高く宙に舞っている。そういうリボン巧者の演技を見るのは本当に楽しい。そして、リボンという手具はなんて素敵なんだろうと再確認するのだ。

　苦手な選手が多いリボンをそこまで究められるのは何故なのか。今まで見てきたリボン巧者達は身長が低い、体が硬いなど、新体操選手としてのコンプレックスを抱えている選手が多かった。新体操選手としては恵まれてはいない、そんな自分の活路をリボンに求め、誰よりもリボンの練習をしてきた。そんな選手たちだった。リボンは難しい手具ではあるが、そうして努力を積み重ねてきた選手にはちゃんと応えてくれる。難しいだけに、努力が報われる手具と言えるかもしれない。

68

Part **7**

リボン独特の操作をモノにする！

空間を大きく使えるリボンだからこそ、
さまざまな操作を使いこなせば、表現の幅も広がる。
基本の「らせん」や「蛇形」はもちろん
「ブーメラン」「巻きつけ」など
リボンならではの操作にも挑戦しよう！

リボン独特の操作をモノにする！

ポイント 28

「らせん」の バリエーションを増やして 表情豊かな演技にしよう

動画でチェック！

新体操のリボンと言えば、たいていの人が一番にこの「らせん」を思い描くだろう。それだけリボンらしい、華やかさのある操作で、らせんがうまい選手はそれだけでリボンが巧そうに見えるものだ。

使いどころとしては、身体難度と合わせたり、ステップと合わせることが多いが、その他、0.3のDAのベースとして使うこともできる。(⇒ポイント33参照)

「らせん」がうまくできれば、「らせん」をかきながらの後転や前方転回などで、DAをとることができ得点源になる。

難しい操作ではあるが、リボンの演技には欠かせないものであり、表現の幅を広げることができる操作なので、練習を重ねて、得意と言えるようにしたい。初心者はまずジュニア用の短いリボンから慣らすとよいだろう。

ここがポイント！

「らせん」の強化のために、2本のリボンを持って、決めた時間らせんをかきつづけるというトレーニングはよく行われている。2本となるとかなり力も必要になり、持久力もいる。90秒間のリボンの演技を通すためにも有効なトレーニングだ。

「らせん」のバリエーション

1 歩きながら背面でかく

①スティックを右手に持ち、スティックがなるべく体よりも長く出るように腕を肩から背面に回し、らせんをかく。

②1歩ずつつま先を伸ばして歩きながら、後ろからついてくるようにらせんをかく。

3 座で右⇒左へかく

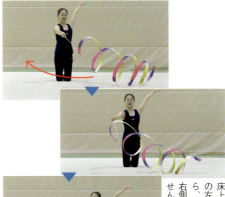

床上に膝立ちになり、体の左前のなるべく遠くから、体の前を通り、体の右側に腕を伸ばすまでらせんをかき続ける。

2 回転しながらかく

①スティックを後ろ向きに持ち、らせんをかく。

②リボンを持っていない手のほうに向かってその場で回転しながら、リボンが後からついてくるようにらせんをかく。

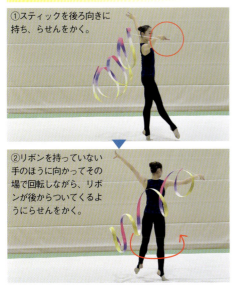

4 腕の反対側でかく

右腕を肩から大きく動かし、スティックを体の左側で持ち、らせんをかく。スティックを下に向けると体の近くで、横に向けると体から離れたところでらせんがかける。用途に応じて使い分けよう。初心者はリボンを体から遠くするのがおすすめ。

 「らせん」はリボンの操作の中でもっとも表情があり、いろいろな感情や曲調を表現することができる。しかし、「らせん」が認定されるための「最低4個の同じ大きさの円」を描くのはかなり難しい。友達とお互いに見合って、きちんと円が描けているかチェックし合って精度を上げていこう。

| リボン独特の操作をモノにする！

ポイント 29

「蛇形」の バリエーションに 挑戦してみよう

動画でチェック！

蛇形は演技中に非常によく使われているがとくに多いのがステップ中の蛇形だ。

高さの変化をつけながら、高い位置で、または下向きに、回転しながらなどの変化をつけるだけで、かなり見栄えのよいステップになる。

初心者にとっても比較的形になりやすい操作なので、できる操作の種類が少ないうちは、蛇形はかなり重宝に使える。基本の蛇形ができるようになったら、バリエーションを増やしておきたい。

ジャンプに入る前のシャッセのときに頭の上で、パンシェで上体をおろしていく間、またはフェッテバランスなどでも蛇形はよく使われている。

「らせん」よりは、右から左、上から下などに動かしながらの操作がしやすいことも蛇形が重宝される理由だろう。

ここがポイント！

組み合わせ方でいろいろな表現ができる蛇形だが、ポジションを変えるときに、リボンがからまったり、体についたりするミスが出やすい。同じ位置と形でやり続けるのではなく、ポジションを変えながらスムーズにかけるように練習しよう。

「蛇形」のバリエーション

1 体の前を横切るようにかく

①スティックを右手に持ち、体の左側のなるべく遠くからリボンをかき始める。

②スティックを左から右へと動かしながら蛇形を体の前でかく。

③蛇形をかきながら、右腕が体の右側のなるべく遠くにいくようにする。

2 回転しながら体の横でかく

①スティックを右手に持ち、体の右側のなるべく遠いところで体より後ろに蛇形がくるようにかく。

②腕の位置は変えずに、体を左手のほうに回転させながら、蛇形が後からついてくるようにかく。

3 スティックを下向きにもってかく

腕を高く上げ、スティックを持って体の横で蛇形をかく。スティックを下向きに。

4 背面でかく

腕をなるべく高く上げ、スティックは背面で蛇形をかく。なるべく高い位置から背面で蛇形をかく。

蛇形の波がきちんとできておらず、高さも揃っていない。

NG!

> **+1** 「蛇形」は、ステップに合わせるととても表情豊かで軽快に見える操作だ。さまざまな位置でリボンを操作するためには、腕を体の反対側に伸ばすことも多いので、肩の柔軟性を向上させておくことが必要だ。肩が柔らかいと、リボンが体に近づきすぎることなく体の反対側でも操作ができる。

73

リボン独特の操作をモノにする！

ポイント 30

「エシャッペ」を自由自在に操るリボン巧者をめざそう!

動画でチェック!

スティックを手に持ったまま操作する「らせん」や「蛇形」は、なんとか様になってきた選手が、最初につまずきやすいのがこの「エシャッペ」ではないかと思う。

「エシャッペ」では、スティックから手を離さなければならないので落下の可能性もあり、リボンがからまってしまうなどのミスも起きやすいのだ。

2025年からのルールではエシャッペは必須ではなくなったので、まだ上手くできない間は、ミスを防ぐためにスティックを回転させない「低い投げ」にしてもよいだろう。

しかし、「エシャッペ」は演技にうまく組み込めば、ハッとさせる効果もある魅力的な操作なので、練習を積み重ね、試合本番の演技でも自信をもって実施できるようにしよう。

ここがポイント！

はじめはもっとも基本的なエシャッペ（⇒ポイント22参照）を、ステップなどと組み合わせて行うことから演技には入れていこう。スティックを回転させることだけに気をとられず、前後の動きで十分にリボンに張りをもたせるように意識しよう。

「エシャッペ」のバリエーション

1 基本のエシャッペ

① 左手にスティックを持ち、リボンを大きく動かす。

② 顔の前でスティックを左手から放し回転させる。

③ 右手でスティックをキャッチして、横にリボンをはらう。

- **Check1** はじめにリボンを大きくふわりと浮かせているか。
- **Check2** スティックを放すときに回転をかけているか。
- **Check3** 右手でスティックをキャッチしたらすぐにリボンをはらっているか。

2 中くらいの高さで

① 軽く膝を屈伸しながら後ろに大きく円を描くようにリボンを回す。

② 体の斜め前でスティックを放し、中くらいの高さでスティックを回転させる。

③ 回転して落ちてきたスティックをキャッチしてすぐにリボンをはらう。

- **Check1** スティックを放す前の円は張りをもった美しい形を描けているか。
- **Check2** 膝の屈伸を利用して、スムーズに投げを行っているか。
- **Check3** 空中でスティックはきちんと回転しているか。

3 体の前でスティックを縦に回す

① 腕を体の前から後ろに向かって大きく回し、リボンで円を描く。

② 膝が一番高いところにきたらいったん肘を曲げ、伸ばすときにスティックを手から放し回転させる。

③ 空中で回転し終えたスティックをなるべく高い位置でキャッチして、リボンをはらう。

- **Check1** スティックを放す前の円は張りをもった美しい形を描けているか。
- **Check2** 肘を曲げ伸ばしする反動をうまく使ってスティックを空中で回転させられているか。
- **Check3** リボンがスティックにからまないように高さを出せているか。

「エシャッペ」は、宙に浮かせ回転させたスティックをキャッチできれば成功なのだが、一瞬宙に浮かせることによってリボンがスティックにからんだり、ひっかかることが多い。そのため、エシャッペで重要なのは、キャッチした後の処理と言える。練習では「エシャッペ」単独ではなく、常に前後の動きまでつなげて行うようにしよう。

リボン独特の操作をモノにする！

ポイント31 リボンならではのユニークな操作「ブーメラン」を使いこなす

動画でチェック！

「ブーメラン」は、リボンの操作が拙い初心者にとってはかなり難しい操作だ。投げ方、引き戻し方、キャッチと気をつけるポイントが多く、ある程度できるようになっても確実に成功させられるようになるまではかなりの練習が必要になる。

2024年までは、「ブーメラン」は必須の手具基礎技術だったため、演技に必ず1回は入れなくてはならなかったが、2025年からは必須でなくなった。しかし、成功できれば演技にスケール感を出すことができる操作なので、習得できるまで練習したい。

ただし「ブーメラン」は実施に時間がかかる技なので、ミスが出たときのダメージも大きい。まだミスが多い段階の選手ならば、練習では取り組み、試合本番の演技には入れないという判断も必要だろう。

ここがポイント！

基本のブーメランは、はじめの投げでうまく放物線を描けば、ほぼ成功する。リボンを遠くまで投げるのではなく、スティックの重さを生かして、うまくスティックの端が上から下に落ちて、床につくように投げることを意識しよう。

「ブーメラン」

1 基本のブーメラン

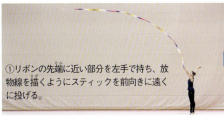
①リボンの先端に近い部分を左手で持ち、放物線を描くようにスティックを前向きに遠くに投げる。

②スティックが床についた瞬間に左手でリボンを引く。

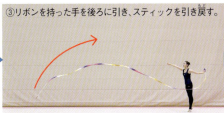
③リボンを持った手を後ろに引き、スティックを引き戻す。

④戻ってきたスティックをキャッチする。

Check1 スティックは放物線を描くように高さを出して投げられているか。
Check2 リボンを引くタイミングは、早すぎたり遅すぎたりしていないか。
Check3 スティックは、移動せずに端をキャッチできているか。

2 ブーメランエア

①左手でリボンの端、右手では、スティックとのジョイントから少し離れた位置でリボンを持ち、スティックを大きく回す。

②放物線を描くように高くスティックを投げ上げる。

③スティックが一番高い位置にきたところで左手でリボンを引き戻す。

④戻ってきたスティックをキャッチする。

Check1 スティックは放物線を描くように高く投げ上げているか。
Check2 スティックが落ち始めるより早くリボンを引き戻せているか。
Check3 移動せずにスティックの端をキャッチできているか。

せっかくうまくスティックを引き戻せても、最後のキャッチで取り損ねてしまう選手は案外多い。手の中にちゃんとスティックが入るまでしっかり見て、確実にキャッチするようにしよう。また、キャッチしやすいように、リボンを強く引き戻さず、スティックが浮き上がるように心がけよう。

77

リボン独特の操作をモノにする！

ポイント 32 演技にアクセントを加えるリボン特有の操作をマスターしよう！

リボンのらせんを腕の周りでかき、スティックを小さく投げて抜く。

「腕の周りでのらせん」は、リボンという長さのある手具だからこそできるものなので、演技の中に効果的に入れれば、リボンらしい華やかさを加えることができる。

「リボンは操作が難しい」「減点箇所が多い」とネガティブなことばかり強調してきてしまったが、じつはリボンならではの良さもある。

演技中の写真などを見る機会があればわかると思うが、他の手具に比べると、リボンの写真はとても新体操らしく見える。また、高度な身体難度はできなくてもリボンの軌跡が美しいと、それだけで上手な選手に見える。

ここに例をあげたような「巻きつけ」や

ここがポイント！

腕の周りでらせんをかく操作は、「ソフトクリーム」という愛称があり、リボンならではの操作だ。しかし、スティックを抜き、キャッチまでするのは案外難しい。初心者はらせんを見せるだけにしてあとははらうという方法で取り入れてもよいだろう。

リボン特有の手具操作

1 床の上でリボンを振る

① スティックを持った手の反対側にリボンを大きくはらう。

② はらったリボンを体の前の床上を横切るように振る。

③ リボンの上を越えて前に進む。

④ 振り切ったらすぐに反対方向へリボンを振る。

⑤ リボンを踏まないように越えながら前に進む。

2 スティックの転がし

① リボンで大きく円を描いてから右腕を上に上げ、高い位置でスティックを指先から転がし始める。

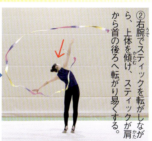

② 右腕でスティックを転がしながら、上体を傾け、スティックが肩から首の後ろへ転がり易くする。

こんな転がしも！

腕を高く上げて指先から腕を通り、腰まで真下に向けて転がす。

③ 首の後ろでスティックを転がしながら、右足を一歩横に出す。

④ 体重をしっかり右足にかけ、左肩、左腕が下に傾くようにし、スティックを左腕で転がす。

⑤ 指先までスティックを転がし終えて美しくポーズ。

採点規則には、リボンの巻きつけ（ほどき）やスティックを滑らせるなどは「リボンの特徴的でない技術」として、構成中に多用しないようにと記されている。とくに巻きつけは、夏場など汗をかきやすい時期にはリボンが湿ってしまい、後の演技に影響が出る可能性もある。多用はせず、演技の中のアクセントとしてうまく使いたい操作だ。

79

COLUMN7

教えてみすず先生!④
環境に恵まれていないと感じたら

　「環境」にはハード面、ソフト面があると思います。ハード面はなかなか変えることは難しいですが、保護者の方にも力を貸してもらって改善できるように働きかけ続けることは大切だと思います。

　ソフト面に関しては、おそらく指導者と合わない、切磋琢磨できる仲間がいないなどかと思います。こちらは、自分の考え方や言動によって、変えられる可能性はありますし、自分が新体操を頑張れる環境を獲得するための努力は惜しまずにやってほしいと思います。陰で不満を言っているだけでは何も変わりません。

　ただ、できるだけの努力も歩みよりもしたけれど、指導者なり、所属しているクラブを信頼することができない、頑張ろうという気持ちになれないという場合は、可能ならば移籍するという選択肢もあるかもしれません。少し前までは移籍する、ということはかなり稀で勇気のいる行動だったかもしれません。どんな理由だったとしても、移籍するということはある程度の摩擦が起きると予測できるからです。でも、もうそんな時代ではなくなりました。これだけ誰でも情報を探して得ることができる時代になってきたのですから、選手や保護者にも環境を選ぶ権利はあるし、指導者も選ばれるための努力をしなければなりません。

　どんなクラブでも指導者でも、いいところもあれば悪いところもある。それが普通だと思います。そのいいところを見てやっていけるなら、それでよいですし、悪いところがどうしても許せないのならば移籍することも必要な場合があるでしょう。

手具操作の見せ場「DA」で点数を積み上げよう(リボン)

ただでさえ操作が難しいリボン。
そのリボンで「DA」なんてできるの?
じつはリボンならではの「DA」はかなり多彩。
リボンのDAで点数を取るためのヒントがいっぱい!

手具操作の見せ場「DA」で点数を積み上げよう！（リボン）

ポイント 33　「DA」の種類、考え方をしっかり理解して、使いこなせるようにしよう

　DAだけでなくRにも使うことができるプレアクロバットは、「回転中」の基準を満たすことができる便利な技であり、実施することで演技にスピード感を与える効果もある。

　ただし、DAに使えるプレアクロバットは最大でも3回まで。それも、異なったグループのものを行う必要がある。プレ

DAの【ベース】となる手具操作　※リボン

リボン特有の手具操作	4手具共通
らせん	手の補助なしでの持ち替え
蛇形	突き/押し/リバウンド
ブーメラン	低い投げ受け
エシャッペ	高い投げ
くぐり抜け	高い投げからの受け
2部位でのスティックの大きな転がし	高い投げ（床上を滑らせてから）
手以外で保持したスティックで身体の周りにおいてリボンを動かす	

リボンのDA（【ベース】＋基準2、または【ベース】2＋基準1にて成立）

ベース	価値点	視野外	手以外	脚の下	回転中	床上	波動	DB
らせん	0.3	○	○	×	○	○	○	○
蛇形	0.3	○	×	×	○	○	○	○
ブーメランエア	0.4	○	○	○	○	○	○	○
ブーメラン	0.3	○	○	○	○	○	○	○
エシャッペ	0.2	○	○	○	○	○	○	○
スティックの2部位の大きな転がし	0.3	○	○	○	×	○	○	○
くぐり抜け	0.2	○	×	○	○	×	○	○
身体の動きあるいはDB中に手以外（首、膝、肘）で保持したスティックで身体の周りにてリボンを動かす	0.2	○	○	×	×	○	○	○
手の補助なしでの持ち替え	0.2	○	×	×	○	○	○	○
低い投げ受け	0.2	○	○	○	○	×	○	○
突き/押し/身体でのリバウンド	0.2	○	○	○	○	×	○	×
高い投げ	0.2	○	○	○	○	○	○	○
床上を滑らせてからの高い投げ	0.3	○	○	○	○	○	○	○
高い投げからの受け	0.3	○	○	○	○	○	○	○

DAの種類

アクロバットは、①前方転回、②後方転回、③側転、④前転、⑤後転、⑥前方胸転回、⑦後方胸転回、⑧前方フィッシュフロップ、⑨後方フィッシュフロップ、⑩ブリッジを通過する横方向の回転、開脚に蹴り上げて終了、⑪背中をそらせた横方向への回転、⑫ダイブリープ、⑬脚を上げた回転（イリュージョン）の 13 のグループに分かれている。（⇒ポイント 33　動画参照）たとえば「両手を使った側転」「片手側転」「肘で支持しての側転」は同じ「側転」のグループになってしまうので、DA にはこのうちの 1 つしか使えない。また、プレアクロバットを使った DA を 3 回以上実施してしまうと、4 回目以降は無効となる。

　他にも、DA は実施中に手具を落下してしまったり、バランスを失って手や手具を使って体を支えたり、転倒したりすると無効になる上に、実施での減点にもなってしまう。熟練度が低い間は、無理のある DA は本番の演技には入れないのも戦略と言

ここがポイント！

「巻きつけ / ほどき」「スティックを滑らせる」などの技術は、表現上効果的に使われることもあるが、多用してはならない。あくまでもアクセントとして入れる程度にとどめよう。

える。

　リボンでは、「らせん」をベースとした DA で 0.3 を獲得できるため、リスクの高い投げ受けよりもらせんで点数を稼ぐ、という傾向が見られるが、空中に舞うリボンは他の手具にはない美しさやスケール感がある。高い投げの DA で 0.2、その受けの DA で 0.3 がとれれば 1 度の投げ受けで 0.5 を得ることができる。熟練度が低い間は無理はしないでよいが、リボンの投げ受けの DA にはぜひ挑戦してほしい。そのために日頃からリボンの投げ受けの練習は欠かさずやっておきたい。

0.2　【低い投げ受け】＋波動＋視野外

0.2　【エシャッペ】＋回転中＋視野外

0.3　【高い投げからの受け】＋回転中＋手以外＋視野外

0.3　【らせん】＋回転中＋視野外

手具操作の見せ場「DA」で点数を積み上げよう！（リボン）

ポイント34 意外と簡単なものも。0.2のDAには怖がらずにチャレンジ！

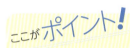
動画でチェック！

　リボンは他の手具と比べると、DAのバリエーションが多い。4手具の中では唯一形が変化するのがリボンであり、そのため、演技中ずっと動かし続けなければならないという難しさはあるが、DAに関しては、その形のなさゆえに多彩になっているのだ。

　「らせん」や「蛇形」という手具そのものの動きがベースになったり、ブーメランというリボン特有の技術もベースになっている。

　ブーメランは、2024年までは必須の手具技術だったが、今回のルール改正で必須ではなくなった。そのため、苦手なら入れないという手もあるが、投げや受け、さらにはリボンが空中にある間にも様々な工夫ができるブーメランはぜひ挑戦したい技術だ（⇒ポイント31参照）。

ここがポイント！

DAやRの基準でよく使う「視野外」も、どこまでが「視野外」なのかは判断しにくいものもある。頭より後ろはほぼ間違いないが、頭がお尻につくまで上体を反らした場合は、顔の正面であっても「視野外」と認められる。また、開脚ジャンプした脚の下も「視野外」になる。

1 【スティックの2部位での大きな転がし】＋回転中＋手以外＋視野外＝0.2

① 右腕を上げ、高い位置でスティックを指先から転がし始める。

② 身体を回転させながら、スティックを肩から背中へと転がす。

価値点0.2のDA

2 【低い投げ受け】＋波動＋視野外＝0.2

①右腕を上げ、高い位置でスティックを離し、波動を行う。

②波動しながら、落ちてくるスティックを視野外でキャッチする。

③波動の最後で大きく体を伸ばしながら、リボンも大きくはらう。

Check1 スティックは明確に視野外でキャッチしているか。
Check2 波動は美しく、大きくできているか。
Check3 スティックをキャッチした後のリボンは素早くはらえているか。

3 【エシャッペ】＋回転中＋視野外＝0.2

①身体の前の高い位置でスティックを離し、回転に入る。

②高い位置でスティックが回転している間に1回転し、落下点を見極める。

③左腕を背面に回し、視野外でスティックをキャッチする。

Check1 スティックは明確に視野外でキャッチできているか。
Check2 スティックは空中で回転しているか。
Check3 身体は360度回っているか。

4 【くぐり抜け】＋回転中＋視野外＝0.2

①リボンとスティックを右手で持ち、大きくはらってリボンを大きな輪にする。

②側転しながら輪をくぐり抜ける。

③起き上がったらリボンの先端を手から放してはらう。

Check1 リボンは張りのある輪になっているか。
Check2 側転は曲がらずスムーズにできているか。
Check3 回転し終えたら素早くリボンをはらっているか。

 エシャッペは高さが、身長の2倍以上あると「高い投げ」としてカウントされる。同じDAは繰り返し使えないので、エシャッペが高い投げと認定されても同じDAにならないような組み合わせの工夫が必要となる。

手具操作の見せ場「DA」で点数を積み上げよう（リボン）

ポイント 35

演技をスリリングにする投げ受けのあるDAもやってみよう

動画でチェック！

　まだ熟練度が高くない選手にとっては、どの手具であっても「投げ受け」は緊張するに違いない。とくに投げのコントロールがしにくく、投げることによってからまってしまうリスクのあるリボンならなおさらだろう。

　それでも、【投げ受け】を演技に入れることができると、演技に迫力が出る。また、芸術面で求められているダイナミックチェンジやエフェクト（⇒ポイント54参照）を満たすためにも効果的に使えるなど利点も多い。投げ受けの練習は成功率が低い間は大変だと思うが、投げ方のバリエーションも多いリボンの投げ受けは演技の大きな見せ場にもなる。自信をもって実施できるようになるまで練習しよう。

ここがポイント！

　リボン特有のベースに【床上を滑らせてからの高い投げ】があるが、これはリボンの端を手で持ち、スティックとリボンを床の上に滑らせてから、大きな円をえがいてリボンの推進力を与えてから高く投げるもの。ただし、リボンが床に停滞しないこと、手か脚でスティックを受けた直後に投げることが必要となる。

1 後方転回しながらのキャッチ

リボンの落下点に入り、後方転回しながらスティックをキャッチ。

左手で支持し、右手ではリボンで円を描きながら、後方転回する。

起き上がったら、リボンをはらい大きな円を描く。

Check 1　後方転回はスムーズかつスピーディーにできているか。

Check 2　落下点の見極めはしっかりできているか。

Check 3　転回中もリボンで円を描けているか。

投げ受けのあるDA

2 【高い投げ】+回転中+手以外＝0.2

①右手にスティックを持ちながら側転に入る。

②側転しながら、後ろ足の土踏まずの指の付け根よりの位置でスティックを蹴り上げる。

③リボンが宙に舞っている間に側転を終える。

Check1 側転はスムーズに回れているか。

Check2 スティックを蹴る位置、タイミングは適切か。

Check3 側転を終えるときに、スティックの落ちてくる位置を確認しているか。

3 【高い投げ】+回転中+手以外＝0.2

①リボンのジョイントに近い部分を足に掛け、もぐり回転に入る。

②もぐり回転で足が真上にくる直前につま先を伸ばし、リボンを放す。

③回転の勢いでリボンを高く投げ上げる。

Check1 もぐり回転はスムーズに行えているか。

Check2 リボンを足から放す位置は適切か。

Check3 リボンの先端が床につかないくらい高く投げ上げているか。

4 【高い投げ受け】+床上+手以外+視野外＝0.3

①リボンの落下点を確認し、伏臥の姿勢になる。

②落ちてきたスティックを脚ではさみキャッチする。

Check1 動きの中でスムーズに伏臥の体勢になれているか。

Check2 体を腕で支持し少し床から浮かせているか。

Check3 伏臥になってから移動せずにすむようにリボンの落下点を見極めているか。

 【高い投げ】がベースのDAは、投げが成功すればその時点でDAの得点0.2はカウントされる。その投げをキャッチミスしたとしても投げで得た0.2は残る。【高い投げの受け】は手具落下すればDAも無効、実施減点にもなってしまう。

手具操作の見せ場「DA」で点数を積み上げよう！（リボン）

ポイント 36 投げ受けなしでも 0.3になる DAに挑戦！

動画でチェック！

初心者でもできた気分を味わいやすい「らせん」だが、審判から「できている」と認定されるハードルはかなり高い。「最低4個の輪を空中または床上で間を詰めて同じ高さで」と採点規則には記されているが、本当にその通りにできている選手はなかなかいなかった。

が、2024年まではリボンにはDAが0.4になるベースがなく、0.3の「らせん」はかなり重宝されてきた。そのためか、以前に比べるとリボンの操作が巧みな選手は飛躍的に増え、DAが導入される以前は拙い選手が多かった「らせん」も名人級の選手が増えてきた。ブーメランも一時期は廃れていて演技に入れていない選手も多かったが2021～2024年は必須の手具技術と

なっていたため、工夫されたものが多く見られるようになってきた。

DAは選手にとっては苦労の種な面もあると思うが、新体操の面白さ、魅力を増してくれていることは間違いない。

ここがポイント！

スティックが床につかないうちに引き戻す【ブーメランエア】は、今回のルール改正で0.3のベースである通常のブーメランとは別に0.4のベースとなった。DAで0.4のベースになっているのは4手具中で【ブーメランエア】だけなので、2025年からは大流行しそうだ。（⇒ポイント31参照）

1 【らせん】＋波動＋視野外＝0.3

①腕を背面に回し、スティックを逆手にもってらせんをしながら波動を始める。

②身体を丸めたときも、休まずらせんをかく。

③大きく身体を伸ばし波動を終えるまで、らせんを続ける。

Check 1 らせんは最低4個の均等な円ができているか。

Check 2 リボンが床につかないように意識しているか。

Check 3 波動はなめらかに、美しくできているか。

投げ受けのない価値点0.3のDA

2 【蛇形】＋回転中＋視野外＝0.3

①腕を背面に回し視野外で蛇形をかきながら、回転を始める。

②背中が正面になったときも蛇形をしっかりとかき続ける。

③身体が360度回転し終えたときも蛇形が見えるようにかく。

Check1 蛇形は最低4個の波ができているか。
Check2 リボンが床につかないように意識できているか
Check3 美しい姿勢を保ちながら回転できているか。

3 【らせん】＋回転中＋視野外＝0.3

①腕を後ろに回しスティックが膝の後ろにくる位置でらせんをかき回転を始める。

②やや膝を曲げた前傾姿勢のまま膝の後ろでらせんをかき回転する。

③回転を終えたときもらせんは見えるようにかく。

Check1 らせんは最低4個の円が均等にできているか。
Check2 360度きちんと回転できているか。
Check3 空き手も意識し美しい形を保っているか。

4 【ブーメラン】＋手以外＋視野外＝0.3

①リボンの端をもち、胸にかけたリボンを脚を振り上げて投げ上げる。

②スティックが床についた瞬間リボンを引き、スティックを引き戻しキャッチする。

Check1 スティックを引き戻すタイミングは適切か。
Check2 リボンは放物線を描いて投げられているか。
Check3 脚の振り上げは十分か。

DAは基本的には【ベース】が1つに基準×2で成立するが、基準は2以上あってもよい。ただし3以上の基準があっても得点は加算されない。しかし、視野外などが、実施によっては認められるか微妙な場合は、「視野外」をとってもらえなかったとしても余分に基準があればDAとしては認められるというメリットはある。

COLUMN8

「クラブチャイルド選手権」がもたらしたもの

　日本には、「全日本クラブチャイルド選手権」という小学生の全国大会がある。2025年に27回目を迎えたが、この大会、第15回までは手具を使わない徒手演技で競われていた。

　大会がスタートした当時は、日本の選手たちの身体への意識が今よりも低く、バレエレッスンもやっていないチームも多かった。小学生にはまずはしっかりとした基本を身につけさせたい、という意図があって「徒手演技」の大会としてクラブチャイルドはスタートした。

　予選がなく、いきなり全国大会に出られるという魅力もあり、クラブチャイルド選手権はあっという間に小学生たちのあこがれの大会になった。その人気に拍車をかけていたのが「徒手演技の大会」だったこともあると思う。あの頃の小学生と指導者にとって、手具をもった演技を試合でできるところまで仕上げるのは大変だった。ところが徒手なら、比較的指導がしやすい。そして、子どもにとっても完成度が上げやすく、上達を感じやすい。徒手演技なら小学生であっても「大人顔負けにうまい」ということにもなる。現に、クラブチャイルドで上位に入るような選手たちの演技は凄まじかった。まさに大人顔負けの技術と表現力をもったスーパーチャイルドがこの大会から続々と生まれた。

　しかし、2013年。クラブチャイルドは、徒手から手具持ちの大会へと方向転換した。かつては日本の選手は器用だと言われていたものだが、海外の選手たちの手具の巧緻性に日本はとうてい太刀打ちできなくなってきており、ルールでも手具操作の比重が上がってきたことに対応したのだ。

　あれから12年。当初は、せっかく美しい身体に意識がいくようになってきていた日本の小学生たちが、手具に振り回される演技に逆戻りするのでは？　との危惧もあった。もちろん、小学生ゆえのミスは起きる。手具に気をとられてつま先が伸びない選手もいる。ただ、それはクラブチャイルド以前とはまったく異次元だ。たいていの選手がバレエレッスンもやっている。目指すべき美しさも知っている。ただ、まだ熟練度が足りていないだけだ。クラブチャイルドの転換の効果もあり、日本の選手たちの手具操作能力は着実に上がってきている。徒手を大切にしながら、手具操作が伴えば、これからが楽しみだと私は思っている。

90

Part 9
演技に手具操作をどう組み込むか、を考えよう!

「DB（身体難度）」「DA（手具難度）」
「R（ダイナミック要素）」「S（ダンスステップ）」
これらと手具操作はどう組み合わせるのか。
効率よく、そして作品をより魅力的にするための
手具操作の組み込み方を考えよう。

演技に手具操作をどう組み込むか、を考えよう

ポイント 37

基本的な「DB」とクラブ操作の組み合わせ方

動画でチェック!

　個人競技の場合は、演技中に最低でも3個は「身体難度（DB）」を入れる必要がある。（シニア選手は最高8個、ジュニア選手は最高6個まで入れることができる）さらに、それは手具操作を伴って行われなければ、DBとしてカウントされない。

　キャリアの浅い選手は、極端な柔軟性や跳躍力、キープ力などを要しない比較的容易なDBを選択して演技に入れていくことになるだろうが、それでも手具操作を同時に行うことはかなり困難だ。

　DBを実施している最中には手具操作にまで気が回らず、バランスのかかとが落ちたあと、ローテーションを回り終えたあと、ジャンプは着地してからあわてて操作をしている例も多く見られる。

　日頃からコーディネーショントレーニングなど、複数のことを同時にできるような能力を伸ばす取り組みをしよう。

ここがポイント!

2つ以上のことを同時に行う能力は、新体操の練習だけでつけようとせず、遊びの中で伸ばそう。とくに小さい子どもならば、屋外での鬼ごっこや木登りなども十分コーディネーショントレーニングになる。

基本的な「DB」と手具操作

1 横バランス(0.3)＋2本のクラブによる小円

① 片手でクラブを2本とも持ち、片脚を真上に上げ片手で支持する。

② かかとを十分に上げた手を横から体の前に回す。

③ かかとを高く保持したまま、クラブを持った手を頭の上まで回す。

- Check1 クラブを持った手を回し始める前にかかとを上げているか。
- Check2 クラブを回し終えるまで、かかとは高く保持されているか。
- Check3 つま先、膝が伸びた美しいフォームでバランスができているか。

2 パッセバランス(0.1)＋2本のクラブの低い投げ

① クラブを両手で1本ずつ持ち、軸脚に重心を置き、動脚を浮かす。

② 動脚を前パッセにしながら、軸脚のかかとを上げ、左手のクラブを回転させながら小さく投げ上げる。

③ 落ちてきたクラブをキャッチすると同時に反対の手に持ったクラブを投げる。

- Check1 左右のクラブの投げが終わるまで、かかとは十分に上がっているか。
- Check2 投げ上げたクラブはきちんと空中で回転しているか。
- Check3 クラブは頭の部分をキャッチできているか。

3 パッセターン(0.1)＋打ち

① 両手にクラブを1本ずつ持ち、軸脚を1歩前に出し、プレパレーションに入る。

② かかとを上げ、動脚を横パッセにして1回転回りながら、体の前でクラブを打ち合わせる。

③ 1回転し終えるまでに、クラブを3回以上打ち合わせる。

- Check1 回転を始めて回り終えるまで、かかとは十分上がっているか。
- Check2 パッセをした脚の膝が前に倒れていないか。
- Check3 クラブの打ち合わせは明確に行われているか。

手具なしで行えば簡単な難度でも、手具操作を伴うことが求められると、減点なくカウントされるように実施することはかなり難しい。まずは、身体難度は確実にカウントできるように正確に行うこと、とくにかかとが十分に上がり、それを保持したまま手具操作できるように、練習を重ねよう。

演技に手具操作をどう組み込むか、を考えよう

ポイント38 基本的な「S」とクラブ操作の組み合わせ方

P95で解説しているステップとは違うステップ4種類を動画には収録しています。

動画でチェック！

現在のルールでは必須要素となっている「ダンスステップコンビネーション」は、1演技中に必ず2つは入れることになっている。

8秒間ひと続きの動きではっきり「ステップ」であると見える必要があり、リズムや方向、高さなど異なる動きを入れた多様性があることが求められる。

クラブの場合は、手具を左右に持ったり、2本をまとめて片手で持つなど、持ち方の変化がつけやすく、手具による細かい動きを入れやすいため、ステップは入れやすく、ステップを見せ場にしやすい種目だと言える。

音楽を生かして、細かく、またはダイナミックにステップを踏んで、曲との一致も感じられる演技が、クラブではよく見られる。クラブの特性を生かした魅力的なステップを工夫してみよう。

ここがポイント！

音楽の特徴をとらえ、音を細かく拾ってステップを踏む場合は、1つ1つの動きをキレよく行うことが必要となる。1歩足を前に出すのも曖昧に出すのではなく、音に合うように明確に出すよう意識しよう。

ベーシックな手具操作を伴うステップ

1歩を大きく出し、その際につま先まで意識して伸ばし、重心の移動をはっきりと見せよう。

①縦に風車をしながら、左脚を前に大きく1歩出す。

②左脚に重心をのせて体を前傾し、顔を正面に向けながら風車を続ける。

③風車を続けながら、右脚を曲げて1歩前に大きく出す。

④前に出した右脚を軸にし、顔は正面を向いたまま両膝を伴って体を反転させる。

弾むように大きくステップを踏んでみよう。風車は横向きに回し、表情も明るく楽しそうに。

①横の風車をしながら、曲げていた膝を伸ばす。

②左脚を前パッセにして180度ターンする。

③左脚を下ろし、右脚を曲げて1歩大きく前に出る。体も前傾しながら横の風車を続ける。

④クラブを左右で回しながら、顔は正面を向け、両膝を伴いながら体を反転させる。

高さを変える部分では、素早くしゃがみ、スムーズに立ち上がり、その動きが踊りの一環に見えるように。

①クラブを2本まとめて右手に持ち替え、右脚を大きく前に出す。

②しゃがみながらお尻回りに入る。

③お尻で360度回りながら、右手に持ったクラブを背中の後ろで左手に持ち替える。

④立ち上がりながら、左脚を大きく前に出し、次の動きにつなげる。

 慣れない間は風車を苦手にする選手は多いが、慣れればクラブ操作の巧みさをアピールする武器になる。こういったステップの最中にスムーズな風車をしっかり見せつけよう。また風車は曲調に合わせて素早く回したり、ゆっくり回すこともできる。音楽を表現するためには風車をうまく使いこなしたい。

演技に手具操作をどう組み込むか、を考えよう

ポイント39 基本的な「R」とクラブ操作の組み合わせ方

動画でチェック！

2025年ルールから「R」は必須ではなくなったため、初心者は無理に入れる必要はない。が、演技に迫力やスピード感を増すためにはまずは演技中に1回は入れることから挑戦していきたい。

上級者になれば、投げ方、受け方でも点数が加算できるような「R」を入れてくる。また、「R」は、演技中に最高4回（ジュニアは3回）まで入れられるので、得点を伸ばしていくためには、演技中に「R」はより多く入れられるようにしていきたい。「R」は大きな投げを伴うため、これが多く入れられれば、フロアを大きく、ダイナミックに使うことができる。また、「R」に伴うシェネやアクロバット要素は演技にスピード感を与え、演技をエネルギッ

1 シェネ＋シェネ

①前に足を一歩踏み出しながら、バックストロークに入る。

②肘をまっすぐ伸ばして、頭の斜め前の高いところでクラブを離す。

③1本のクラブを床と水平にして体の前で両手で持ち、シェネに入る。

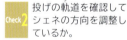
Check1 2回のシェネは切れ目なくスムーズに連続して行っているか。

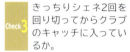
Check2 投げの軌道を確認してシェネの方向を調整しているか。

Check3 きっちりシェネ2回を回り切ってからクラブのキャッチに入っているか。

④脚の間が開かないように体を締めてシェネで2回回る。

⑤シェネが終わったら、腕を斜め前に伸ばし、高い位置でクラブを受ける。

⑥クラブを受けた腕を引き、柔らかくキャッチする。

96

基本的な「R」と手具操作

2 猫ジャンプ＋側転

①クラブを思い切りよく高く投げ上げる。

②クラブの軌跡を確認しながら、猫ジャンプ（1回転）しながらクラブの落下点に向かって進む。

③着地したらすぐに落ちてくるクラブをキャッチする。

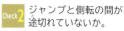

Check1 クラブの投げに十分な距離と高さは出ているか。

Check2 ジャンプと側転の間が途切れていないか。

Check3 側転は素早くスムーズに行えているか。

④キャッチしたらそのまま側転に入る。

⑤クラブは手に持ったまま、十分に開脚して側転する。

⑥クラブを両手に1本ずつ持ち、素早く立ち上がる。

シュなものにしてくれる。
　キャリアの浅い選手にとっては、「R」は高いハードルかもしれないが、まずはベーシックな投げ受けで、投げの間に行う回転の種類や組み合わせを増やすことに挑戦してみよう。
　初心者や投げ受けに自信のない人は、ミスの出やすいキャッチはなるべく容易なもので、同じ回転×2（シェネシェネや2回前転など）から始め、慣れてきたら回転中に回転軸や高さに変化を加えてみたい。ここにあげた「猫ジャンプ＋側転」も回転軸が変化

しているので、「R」の基礎価値（0.2）に、0.1が加算され、0.3の価値の「R」となる。
　難しすぎる技を取り入れるのではなく、できる範囲での小さな加点を積み重ねていくことで、かなりの得点アップが期待できる。

ここがポイント！

「R」がカウントされるためには、2回の回転の間に中断があってはならない。また、手具のキャッチは回転の終末で行わなければならない。まずはベーシックなものでよいので、正確に実施できるようにしよう。

 技術が向上してくれば、演技中に入れる「R」の回数を増やしていきたい。「R」を武器にして得点力をアップしたいと考えるならば、投げ方もより多くの種類ができるように練習しておこう。とくに「手以外」「視野外」などは加点にもつながるので得意なものを増やしておきたい

97

演技に手具操作をどう組み込むか、を考えよう

ポイント40 基本的な「DB」とリボン操作の組み合わせ方

動画でチェック！

　今回のルール改正で、1演技中に入れられるDBの数の上限は、シニアもジュニアも1つ減っている。また、2022～2024年には認められていたコンバイン難度（2つの難度を繋げて行い高得点となるDB）もなくなった。

　これらの変更からは、「身体難度の高さ＝新体操の価値」にならないようにという意図が感じられる。DBに偏らず、手具操作とのバランスの良さを見せられる演技をめざそう。

　とくにリボンは、スティックをただ持っているだけではリボンは垂れ下がり床についてしまい、減点になる。演技中、常にスティックを動かし続けなければいけないハードな手具だ。

　らせんや蛇形などの形の乱れも減点になるので、キャリアが浅いうちは、「大きな回旋」や「持ち替え」などから取り組もう。

ここがポイント！

リボンの操作の中では、「持ち替え」は比較的やり易いと思うが、油断しているとたいていの場合、リボンが床につき減点になってしまう。簡単そうな操作こそ、しっかりリボンをはらい、床につかないように練習しよう。

基本的な「DB」と手具操作

1 横バランス(0.3)＋らせん

①スティックを持った左手でらせんをかきながら、右脚を上げ右手で保持する。

②バランスの形ができたら（もしくは同時に）かかとを上げ、そのまま静止してらせんをかき続ける。

Check 1 動脚は180度以上の高さに上げ、つま先まで伸びているか。

Check 2 軸脚は、内股になったり、膝が曲がったりしていないか。

Check 3 かかとを上げた状態でしっかり静止し、らせんをかけているか。

2 フルターンジャンプ(0.1)＋持ち替え

①スティックを右手で持ち、大きくリボンをはらい、膝の屈伸を使って垂直にジャンプする。

②ジャンプ中に360度回転しながら、スティックを右手から左手に持ち替える。

Check 1 ジャンプしたときのつま先はしっかり伸ばせているか。

Check 2 屈伸の力を十分に生かして高く跳び、ターンは360度きちんと回り切れているか。

Check 3 スティックの持ち替えはジャンプ中に完了できているか。

3 アチチュードターン(0.3)＋蛇形

①右手にスティックを持ち、大きくリボンをはらってからプレパレーションに入る。

②かかとを上げ、動脚をアチチュードにして1回転回りながら、リボンで蛇形をかく。

③1回転回り切るまで、形が崩れないように蛇形をかき続ける。

Check 1 回転を始めて回り終えるまでに、かかとは十分上がっているか。

Check 2 アチチュードしたときに膝が下がっていないか。

Check 3 蛇形は最低4個の波ができているか。

+1 「らせん」や「蛇形」は基本的な操作ではあるが、ジャンプやターンなど激しい動きをしながら行うと、リボンの軌跡が乱れやすく、減点なく行うことはかなり難しい。キャリアの浅いうちは、ジャンプでは「大きな回旋」や「くぐり抜け」、ターンは「持ち替え」などから始めるとよいだろう。

演技に手具操作をどう組み込むか、を考えよう

ポイント 41

基本的な「S」とリボン操作の組み合わせ方

P101で解説しているステップとは違うステップ4種類を動画には収録しています。

動画でチェック！

2024年までは、ステップの中にDAを入れることが可能だったが、今回の改正では「プレアクロバット、高い投げ、0.2以上の価値のDB、R」に加え、DAもステップ中に入れてはならなくなった。つまり、ステップでは明確に「踊ってみせる」ことが求められている。

リボンはミスが起きやすく、減点もされやすい難しい手具ではあるが、ステップに関しては、リボンの動かし方ひとつで表情豊かに演じることができ、ステップを演技の見せ場にしやすい種目だ。

まだ技術的にレベルが高くない選手の場合こそ、身体難度などで無理はせず比較的簡単な手具操作をステップと組み合わせた舞踏的な振り付けにしてみよう。ぐっと演技の印象が上がる。

ここがポイント！

リボンの操作の練習をするときに、ただこなすのではなく、必ず音楽をかけてその曲を意識して動かすようにしよう。強さ、やさしさ、悲しみなど、リボンは感情をも表現できる手具なので、自在に扱えるようにしたい。

ベーシックな手具操作を伴うステップ

リボンを大きく動かしながら、リズミカルにステップを踏もう

①右手にスティックを持ち、腕から大きく回してリボンで大きな円を描く。

②リボンを越えるように左脚を前に一歩踏み出す。

③リボンは大きな円をかき続けながら右脚を高く横に振り上げる。

④右脚を下ろしてリボンを大きく回す。上体を左に傾けて。

⑤リボンでは蛇形をかきながら、上体を反らし小刻みなステップでその場で回る。

⑥上体を起こして、リボンを一度大きくはらう。

小走りや、ジャンプを入れてダイナミックに大きく動こう

①はらったリボンで床の上を掃くように回し、その上を小走りに駆け抜ける。

②体を正面に向け、リボンは腕の高さで蛇形をかく。

③リボンでは蛇形をかきながら、その場で軽くジャンプする。

④着地したら左脚に重心をかけ、体の右側面を伸ばしながらリボンを大きく回す。

⑤体を正面に向け、右手に持っていたスティックを背面で左手に持ち替える。

⑥プレパレーションに入りながら、スティックを右手に戻す。

+1 一か所に立ったままならば「らせん」や「蛇形」の軌跡がきれいに描けるようになっても、ステップのように動きを伴うようになると、乱れてしまう場合が多い。動きながらでも、形がしっかり見えるように強くかくことを意識すると同時に、ステップとの組み合わせ方を工夫して激しい動きには大きな回しなど軌跡が乱れにくいものを合わせるようにしよう。

演技に手具操作をどう組み込むか、を考えよう

基本的な「R」と リボン操作の 組み合わせ方

ポイント 42

　2025年ルールでは、それまでは「R」の追加基準として加点対象になっていたもので対象外になったものが多い。そのため、2024年までならばRとして有効だったものでも無効になったり、価値点が下がってしまうものもあるので気をつけたい。

　受けの追加基準から外れたものは、「床上からのリバウンド」「1本のクラブを保持したまま2本目のクラブを片手で受ける」「クラブのミックス受け」「回転中の受け」。また、「片脚（あし）/両脚（あし）の下」と「360度の回転（とな）を伴う」は投げ受け両方の追加基準から外れている。

1　片手投げ＋シェネシェネ＋キャッチ

①前に足を一歩踏み出しながら、勢いをつけてスティックを後ろに回す。

②スティックの遠心力を利用してリボンを体の斜め前で放して投げ上げる。

③リボンの投げの方向を確認しながらシェネに入る。

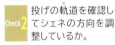

Check1　2回のシェネは切れ目なくスムーズに連続して行っているか。

Check2　投げの軌道を確認してシェネの方向を調整しているか。

Check3　きっちりシェネ2回を回り切ってからリボンのキャッチに入っているか。

④リボンの位置を確認しながら素早く2回続けてシェネを回る。

⑤シェネが終わったら、腕を斜め前に伸ばし高い位置でキャッチ。

⑥スティックをキャッチしたらすぐにリボンを大きくはらう。

基本的な「R」と手具操作

2 片手投げ＋猫ジャンプ＋側転＋キャッチ

①リボンのスティックに近い部分をつかみ、スティックを後ろに回転させる。

②スティックの遠心力を利用してリボンを斜め上に投げ上げる。

③リボンの投げの方向を確認し、その方向へ猫ジャンプ。

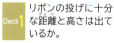
Check1 リボンの投げに十分な距離と高さは出ているか。

Check2 ジャンプと側転の間が途切れていないか。

Check3 側転は素早くスムーズに行えているか。

④着地したらすぐに側転に入る。

 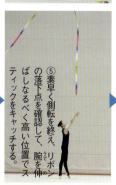
⑤素早く側転を終え、リボンの落下点を確認して、なるべく高い位置で腕を伸ばしスティックをキャッチする。

⑥スティックをキャッチしたらすぐに大きくリボンをはらう。

　このため、「R」によって積み上げ得る点数は、2024年までに比べると低くなる傾向にあり、より高い得点を目指す選手は、これらの変更を厳しいものと感じるかもしれない。しかし、これらの変更が意図しているのは、比較的実施が容易な追加基準が使われすぎていることの是正にほかならない。例えば「片脚／両脚の下」という操作は、演技中に繰り返し使われることが多く、ときには曲表現の妨げにもなっていた。それでも実施しやすい追加基準は「入れなければ損」とばかりに使われてきていたのだ。
　2025年ルールでの変更によって、Rで稼げる点数は下がってしまうかもしれないが、Rでの点数稼ぎのために損なわれがちだった芸術性をより大切にした作品、演技が求められている、というメッセージがこの変更に込められているように思う。

ここがポイント！

２回転して手具を受ける前に移動してしまうと、Rは有効でも実施で減点されてしまう。移動の歩数が多ければRで得られる得点よりも実施減点のほうが大きくなってしまうので気をつけよう。

「投げの間に2回回転してキャッチ」で0.2を獲得できるRだが、投げの最中に1回転追加あるいは、2回転のあと3回目の回転中に受ければ0.3になる。

103

COLUMN 9

「進化を止めない新体操」の未来に期待

　新体操は4年に1回、オリンピックサイクルでルール改正が行われる。2025年はその改正の年にあたっているが、今回のルール改正は今までに比べると比較的緩やかで、2024年までのルールにほぼ準じている。2024年シーズンに顕著になってきていた問題点の改善をはかるための変更がいくらかあるが、それはどれも納得のいくものだ。

　今回はそれほど大きくは変わらなかったルールだが、この20数年を振り返ってみるだけでも、かなり大きな幅で揺れている。2000年代前半は、「身体難度中心」のルールで、3つまで難度をつなげたコンバイン難度も認められており、トップレベルの選手たちは、90秒の演技中に30近くの身体難度を入れていたのだから驚く。その代わり、この時代は手具がほとんどお飾りになっていた。オリンピックチャンピオンになった選手でさえ、リボンをろくにかけていなかったし、今見ると驚くほど手具は持ちっぱなしだ。

　そうかと思えば、2017年に「手具難度（DA）」が入ってきてからは、手具操作の比重が上がり、上位選手たちの演技は、サーカスか大道芸か？と思うほど、テクニカルでスリリングになっていった。東京五輪前のフェアリージャパンも「3秒に1回は技が入っていること」を自分達の演技のアピールポイントだと言っていた。

　このままだとどうなるのか？と思っていたところで、DAの数に上限ができ、今回のルール改正でさらに上限の数も減った。手具を使うからこそ面白いという新体操の魅力を今のルールはよく引き出していると思うが、ともすれば過剰にテクニカルになっていた。そこにルールで歯止めをかけているように思う。4年ごとのルール改正は、選手にも指導者にも負担は大きいと思うが、この絶え間ない改正があるからこそ、新体操は進化してきた。方向性がおかしくなりそうなときも軌道修正できてきた。これからもおそらくそれは変わらない。こうして新体操は、進化を続けていくのだ。

この章では、P106〜111でクラブ、P112〜117でリボンを1作品ずつ写真付きで解説しています。動画は、各手具2作品ずつ誌面とは違うジュニア向けの作品例を収録しています。

Part 10

実際の作品をもとに演技の構成を学ぼう

まだ試合に出始めたばかりの選手
身体難度も手具難度もまだできるものが少ない選手
そんな選手たちをイメージして日女の選手たちが
創作したモデル演技を、写真と動画で解説。
作品作りの参考にしよう！

実際の作品をもとに演技の構成を学ぼう

ポイント43 「DB」や「DA」をどう入れるか実際の作品に学ぼう！①（クラブ）

動画でチェック！

ジュニアの場合、個人演技には以下の要素を求められる。①身体難度（DB）⇒最低3、最高6　②ダンスステップコンビネーション⇒最低2　③回転を伴ったダイナミック要素（R）⇒最高3　④手具難度（DA）⇒最高12　ただし、RとDAは必須ではないので入れなくても減点にはならない。

正確なフェッテバランスで基礎のたしかさをアピール

①明るい表情ではじめのポーズ。

②軸脚を一歩前に出し、クラブも前に出す。

③クラブを2本同時に小さく投げながら横バランス。

④体の向きを変えて前パッセ。

[③〜⑤でDB/0.3]

ここがポイント！

身体難度(DB)は、バランス、ジャンプ、ローテーションの3種類を最低1つは入れなければならないため、最低でも3つ入れることになる。確実にカウントしてもらえるDBを増やしていこう。

106

クラブのベーシックな作品例①

雄大なジャンプでのびやかさを見せて

⑤クラブを脚の下で持ち替えながら、脚を前に上げてフェッテバランス。

⑥つま先の伸びた美しいシャッセで前に進む。

⑦大ジャンプしながらクラブを脚の下で持ち替える。
[DB/0.3]

⑧両手で小円を描きながらステップ。

ステップは弾けて！ローテーションはきちんと回り切ろう

⑨軽やかにステップ。

⑩脚も手もさらに引き上げてステップ。

⑪クラブと手首で片方のクラブを支えながらプレパレーション。

⑫クラブを保持したまま、アチチュードのローテーション。
[DB/0.3]

最初の「R」は落ち着いて。

⑬体の前でクラブをジャグリング。

⑭投げの体勢に入る。

⑮右手で高く、片方のクラブを投げる。

⑯シェネに入る。

> **+1** 演技の序盤でフェッテバランス、大ジャンプ、アチチュードのローテーション、楽しげなステップと比較的安心して実施でき、確実に点数を確保できそうな要素を入れている。こういう構成は「きちんとした演技」という印象を与えることができる。選手も自信をもってやれるだろう。

107

ポイント 44 「DB」や「DA」をどう入れるか実際の作品に学ぼう！②（クラブ）

ジュニア選手であれば、身体難度（DB）や手具難度（DA）を増やして点数を積み重ねるよりも、演技中に2回入れなければならないダンスステップをしっかりとれるようにすることで、1回不足することで0.3という芸術減点を防ぐことを目指したい。0.3×2回の減点がなければ得点は0.6上がり、芸術面での評価も伸びる可能性がある。

「R」から次のDAへのつなぎをスムーズに

①前転する。

②膝立ちで、キャッチし、ポーズ。

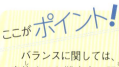

③片方の腕を下に下げる。

④片方の足の裏にクラブを1本のせる

ここがポイント！

バランスに関しては、かかとを上げずに実施すると難度表の記載よりも0.1得点が下がる。が、初心者であれば、ミスして難度がカウントされないよりは、かかとを上げないバランスで点数を確保したい。

クラブのベーシックな作品例②

様々なポジションでの風車を見せつけよう

⑤前転しながら足裏のクラブを投げ、キャッチ。

⑥立ち上がり、体の右前から風車を始める。

⑦頭の上でも風車をする。

⑧体の向きを変えながら体の前で風車。

ステップは表情豊かに！曲調を感じながら

⑨体の前で水平に風車をしながらステップで前に進む。

⑩正面に向き直り、両手で小円を描く。

⑪小円を描きながら脚を踏み替える。

⑫フェッテターンに入る。

フェッテ⇒投げと続く難所。集中力を切らさずに！

⑬両手でクラブを回しながらフェッテ。
[1回転でDB/0.1]

⑭前方転回に入る。

⑮前方転回からの投げ。

⑯お尻回りを2回する。

フェッテターンは上級者だと回転数の多いものを入れていて、1つの難度で獲得できる得点も高いが、1回転回るだけでも0.1から得点にはなる。回転数が増やせれば点数が上がっていくので発展性のある技という意味では、フェッテは練習して、演技にも入れておきたいローテーションだ。

実際の作品をもとに演技の構成を学ぼう

ポイント45 「DB」や「DA」をどう入れるか実際の作品に学ぼう！③（クラブ）

2025年ルールからは必須ではなくなった「DA」と「R」だが、演技のレベルアップを目指すためには徐々に入れていくことは必要だ。投げ受けがあまり得意でない場合は、Rを本番の演技で成功させるのはかなり難しいので、投げる必要がなく比較的簡単なものもある「DA」でできるものを増やしていくとよいだろう。

フルターンジャンプはていねいに美しく

①落ちてきたクラブを床に押さえる。

②フルターンジャンプのプレパレーション。

③つま先の伸びた美しいフルターン。クラブは頭上で打ち合わせる。

④きっちり360度回って着地。

[DB/0.1]

ここがポイント！

今回のルール改正で、DBとしてカウントされなくなったものもある。代表的なのが「もぐり回転（イリュージョン）」と「甲座り」だ。RやDAで使うことはできるがDBとしてはカウントされないので注意しよう。

クラブのベーシックな作品例③

クラブ特有の小技を軽快に見せる

⑤腕を大きく回しながら横バランス。
[DB/0.3]

⑥パッセバランスしながらジャグリング。
[DB/0.1]

⑦クラブを小さく投げ上げて、落下点に入る。

⑧背面から手を出し、キャッチ。

パッセのローテーションは最後まで気を抜かずに

⑨キャッチした状態からそのまま片手側転に入る。

⑩側転から立ち上がったらポーズ。

⑪ローテーションのプレパレーション。

⑫体の前で風車しながらのパッセのローテーション。
[DB/0.1]

最後のDAはスムーズにビシッと決めよう！

⑬クラブを2本連結する。

⑭腕から背中へとクラブを転がす。

⑮首の後ろにクラブをのせながら前方転回。

⑯連結したクラブを頭上に掲げフィニッシュ！

+1 最後に「R」を入れるのはリスクが大きいので避けたいが、ラストにはちょっと印象に残りそうな技を入れたいという場合は、DAの中から自信をもってやれるものや、自分の良さをアピールできそうなものを選んでみよう。曲調にもよるが、ラストはやはり晴れやかな笑顔で終われるようにしたい。

111

実際の作品をもとに演技の構成を学ぼう

ポイント 46 「DB」や「DA」をどう入れるか実際の作品に学ぼう！①（リボン）

動画でチェック！

身体難度は、柔軟性や跳躍力、軸のコントロール力など選手の特性によって挑戦しやすいものから、レベルを上げていくようにしよう。ただし、身体能力的には可能な難度でも、手具操作を伴うことで正確な実施ができなければ得点にはつながらないので、手具操作とのバランスには気をつけたい。

ちょっと難しい背面での投げから演技を始める

①リボンを後ろに流し、ややお尻を突き出したキュートなポーズ。

②スティックとリボンを両手で持ちながら、シャッセ。

③左手をスティックから放す。

④リボンを握っているところを支点に、高い位置でスティックを回す。

ここがポイント！

バランスはパッセ、アラベスク、フェッテ（脚は水平）、ジャンプはフルターン、コサック、ガブリオール、ローテーションはパッセターンなどがジュニアでも無理なく取り組めるだろう。

リボンのベーシックな作品例①

シェネ＋前方転回を素早く行い、Rを正確に決めよう！

⑤右手を振り下ろし、背面からスティックを投げる。

⑥リボンの方向を確認しながらシェネで1回転る。

⑦前方転回でリボンの落下点に入る。

⑧キャッチしたらリボンを大きくはらい、円を描く。

キュートな振りからダイナミックなジャンプに

⑨体の前でリボンを8の字にかきリズミカルに腰を左右に振る。

⑩頭の上で蛇形を描きながらシャッセ。

⑪蛇形を描きながら開脚ジャンプをする。[DB/0.3]

パンシェとらせんをしっかり見せよう！

⑫着地してそのままパンシェバランス。右腕を前に出してらせんをかく。[DB/0.5]
※かかとを下しているため0.4になる。

⑬パンシェのまま、右腕を後ろに回しながららせんをかき続け、スティックを左手に持ち替える。

⑭体の向きを変え、左手でリボンを大きく回旋しながらシャッセ。

⑮リボンを投げ上げ、ターンしながら小さくジャンプをする。

 リボンは手具が大きな空間を占めるので、要所要所では大きく、明確にリボンを動かし、「リボンの動きで表現」しよう。投げをキャッチした後のはらいも、機械的にリボンを振って、はらうのではなく、表現の一環と考えよう。はらい方ひとつでも強さを出したり、楽しく弾むようになど、表情を出せるように意識しよう。

実際の作品をもとに演技の構成を学ぼう

ポイント47 「DB」や「DA」をどう入れるか実際の作品に学ぼう！②（リボン）

動画でチェック！

　手具難度（DA）はジュニアなら12個まで入れることができるが、DAのために手具落下などのミスが出てしまえば、本来得られるはずだった0.2もなくなり、実施での減点も大きい。点数稼ぎのためにやみくもにDAを増やすのではなく、確実なものを少しずつ、曲を表現する手段として必然性が感じられるように入れていきたい。

アチチュードバランスをしながらエシャッペをしっかり決める

①ジャンプの着地後、スティックを左手でキャッチし、そのまま中くらいの高さの投げでエシャッペ。

②スティックを右手でキャッチしたら、リボンを大きく回しながらアチチュードバランスに入る。

③かかとを十分に上げてバランスしながらリボンで大きく円をかく。
[DB/0.2]

④スティックを持っている右手でリボンの先端を捕まえ、リボンを大きな輪にする。

ここがポイント！

　2024年まで床上で連続してDAを実施する例が多かった。そのため、2025年ルールでは床上でのDAは連続3つまでと制限された。4つ目をつけてしまうとDAの点数から0.3減点されてしまうので要注意だ。

リボンのベーシックな作品例②

0.2のDAの後、体を大きく使ってステップを踏もう

⑤リボンの輪の中を側転でくぐり抜ける。

⑥リボンで小さく円をかきながら左右に体重移動をしながら軽快にステップ。

⑦上体をそらしながらステップを続け、体の前を通るようにらせんをかく。

⑧上体をそらして片脚を大きくバットマンし、リボンは大きく回旋する。

アチチュードターンはきっちり回り切ろう

⑨片脚を一歩前に踏み出したポーズで、体の前でスティックを右手に持ち替える。

⑩右手でリボンをはらいながらプレパレーション。

⑪らせんをかきながら、アチチュードターンで360度回る。[DB/0.3]

猫ジャンプ＋前転のRにも挑戦しよう！

⑫スティックをいったん浮かせて、リボンをつかんで回す。

⑬スティックの遠心力を利用してリボンを投げ上げる。

⑭リボンの方向を確認しながら猫ジャンプ。

⑮リボンの落下点に向かって前転し、キャッチに備える。

ステップにはリボン操作をうまく合わせると華やかさが増す。ひとつひとつの操作は基本的なものでも、何種類か組み合わせると多彩になり、見栄えがよいうえに、作品練習がそのまま操作の練習にもなるので多くの操作をステップに合わせてみよう。

実際の作品をもとに演技の構成を学ぼう

ポイント 48 「DB」や「DA」をどう入れるか実際の作品に学ぼう！③（リボン）

この作品例では、ラストに価値点0.3のDAにチャレンジしている。投げの高さが十分にあれば、「床上」「手以外」「（キャッチする時点では伏臥ならば）視野外」になるので、0.3のDAになる。

気をつけたいのは、唐突に伏臥の体勢にならないことだ。振付の自然な流れの中で伏臥の姿勢になれるよう、動きを工夫しよう。

操作をしっかり見せながらのジャンプ⇒ローテーション

①前転の後右手でスティックをキャッチし、らせんをかきながらその場で踏み切り。

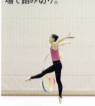

②リボンを投げ上げながら鹿ジャンプ。
[DB/0.3]

③着地したらすぐにプレパレーションに入る。

④パッセターンしながら、スティックを背面で持ち替える。
[DB/0.1]

ここがポイント！

ジャンプの難度は、高さが自分の腰の位置よりも高く跳ぶことが要求される。また、前脚の引きつけが必要なジャンプは引きつけが不足すると、難度としてカウントされないので、しっかり引きつけを意識しよう。

リボンのベーシックな作品例③

スティックの転がし⇒エシャッペでテクニックを見せつけよう

⑤パッセターンの終わりに、エシャッペでスティックを右手に持ち替える。

⑥右手を上に上げ、指先からスティックを腕に転がす。

⑦スティックを左手でキャッチし、右手でリボンの先端近くを持つ。

⑧リボンを足に掛け、リボンの先端は持ったまま、後方転回しながら足で投げる。

ブーメランは、最後まで油断せず、バランスも操作が見えるように

⑨後方転回から起き上がり、リボンを引き、スティックを引き戻しキャッチ。

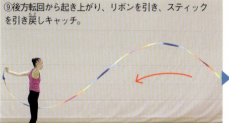

⑩頭の上で蛇形をかきながら、かかとを上げて横バランス。[DB／0.3]

⑪蛇形は上から下まで流れるように。

ラストのDAは、投げの高さが十分あれば0.3!

⑫パッセの形から、高くリボンを投げ上げる。

⑬リボンの落下点で伏臥の体勢をとり、脚でスティックをキャッチ。体をひねって正面を向いてポーズ。

 RやDAの受けを伏臥や座で行う場合は、その姿勢になるまでの動きを工夫しよう。前後開脚から床上で回転するなどつなぎの動きを入れるようにしたい。

COLUMN10

教えてみすず先生！⑤
「新体操には向いてない」と思ったときどうする？

　「新体操に向いていない」とは何を根拠に思うのでしょうか。おそらく他の誰かと比べて、そういう気持ちになるのではないでしょうか。自分よりも簡単にいろいろなことができる、スタイルがいい、など自分以外の人の恵まれている面を見ては、自分にはそれがない、だから「新体操には向いていない」と勝手に感じてしまうのでしょう。

　新体操だけではありません。どんなスポーツでも習い事でも、一番の才能は「好きなこと」「続けられること」です。好きでもない、続けたくもないのなら、それはきっと本当に「向いていない」のでしょう。でも、そうではなくてちょっとばかり今、目に見える成果が少ない、他の人より劣っている（ように感じる）、そんなことで「向いてない」なんて決めないでほしいと思います。

　新体操は、成果が出るのにとても時間がかかります。それだけに、「これだけやっても、この程度」と思われてしまう時期もあります。ともすれば1回の試合で成果が出なかっただけで「向いてないから辞めようか」という気持ちになってしまうこともあります。新体操は本当に成果が出にくいのです。脚を180度上げるだけでも、時間がかかる子はとてつもなく時間がかかります。

　そんな気の長いスポーツを、嫌がらず続けて、辞めようとしないならば、それは間違いなく「才能」です。人よりうまくできること＝才能があるのではなく、人よりうまくできなかったとしてもやりたくなる、頑張りたくなることこそ才能なのですから。

Part 11

「A（芸術）」「E（実施）」の減点を減らす

2022年から評価に占める比重がぐっと上がった芸術性。
では、その芸術性を上げるためにはどうすればいいの？
減点法で採点される「芸術」「実施」は
どう減点されるのかを知り、対策しよう！

「A（芸術）」「E（実施）」はどう採点されるのか理解しよう!

ポイント 49

「A（芸術）」「E（実施）」の減点を減らす

ここがポイント!

「芸術」と「実施」が10点ずつになってから、得点は全体的に高めに出るようになった。それ以前は、「芸術＋実施」で10点だったため、減点していくとあっという間に点数が残らなくなっていたのだ。2022年以降のルールでは、芸術点が0点近くなることはないため、得点が低い選手でも、「芸術＋実施」である程度点数が残るようになったのだ。

2022年から新体操の審判には、「D（難度）」「E（実施）」「A（芸術）」という3つのカテゴリーがある。公式大会の場合、D審判4名＋E審判4名＋A審判4名の12名で1つの演技を採点することになっている。

この中で「D」は加算方式で、DB（身体難度）とR（回転を伴うダイナミック要素を2名のD審判、DA（手具難度）を2名の審判が採点する。DB、DA、Rともに演技中に入れられる回数の上限はあるが、加点方式のため得点の上限はない。

一方、「A（芸術）」と「E（実施）」は、10点満点からの減点法で採点を行う。E、Aの審判は4名ずつなので、最低点と最高点をカットし、残った2人の平均点が決定点となる。

2022年のルール改正以前は、「A（芸術）」は独立しておらず、DとEの審判しかい

「A（芸術）」「E（実施）」の採点

なかった。全体の評価に対しての芸術の比重は高くなく、芸術面での評価がそれほど高くなくても、難度で高得点を出せば勝てる、そんな時代だった。2021年まではDAの回数に制限もなかったため、上位を狙うような選手たちは、競ってDAを演技に入れまくり、得点を稼いでいた。

DA満載の演技は、たしかにスリルがあって面白かった。しかし、本来新体操がもっていたはずの芸術性はかなり損なわれてしまっていた。そこで、その流れを変えるために2022年以降、現在の審判編成となり、「芸術」の比重がぐっと高くなった。

現在の審判構成になってからは、実施の審判は、技術的欠点（体の技術／手具の技術）を程度により0.1、0.3、0.5減点していく。

また、芸術の審判は、以下の12項目について、不足の度合いにより0.1、0.3、0.6、1.0の減点をしていく。

【芸術欠点】
●動きの特徴　●ダンスステップ　●身体の表現　●顔の表現　●ダイナミックな変化とエフェクト　●フロア面の使用　●統一性　●音楽のイントロ　●音楽規範　●演技終了時の音楽と動き　●つなぎ　●リズム

この中で「つなぎ」「リズム」に関しては、不適切と判断した場合、その都度0.1の減点をし、最大2.0までの減点となる。

 2021年に行われた東京五輪で個人総合優勝をしたアシュラム選手の決勝でのフープの得点は27.550（D18.500/E9.050）だったが、2024年パリ五輪チャンピオンのバルフォロメーエフ選手の決勝でのフープの得点は36.300だった。このように、現在の採点方式になってからのほうが点数が高く出るようになっている。

| 「A（芸術）」「E（実施）」の減点を減らす

ポイント 50 体や動きによる E減点をどう減らす

実施の審判が見る「技術的欠点」には、身体の動きの技術に関する減点と、手具技術に関する減点の2種類がある。

身体の動きの技術には、以下の5項目がある。

①基礎技術

体の部位の不正確な保持。つま先が伸びていない、ルルベが低い、膝が曲がっている、肩が上がっているなどは、欠点が見られた都度、0.1が減点される。

バランスを失った場合、ふらついただけなら0.1、大きく移動すれば0.3、手や手具で体を支えれば0.5、完全にバランスを失い、転んだ場合は0.7の減点となる。

②ジャンプ／リープ

重い着地／小さな誤差での不正確な形で0.1の減点、着地の最終局面で後ろに傾く／中くらいの誤差での不正確な形で0.3の減点、大きな誤差による不正確な形で0.5の減点となる。

③バランス

ここがポイント！

採点規則では、「実施審判は演技中の難度には関与しない」とある。難度要素に関わらず、どのような欠点に対しても等しく減点するのが実施審判の使命なのだ。つまり、高い難度ができない選手でも、正確で丁寧な演技をすれば実施での減点は減らせるということだ。いきなり高難度な演技はできなくても、実施点を着実に上げていくことをめざしたい。

体や動きによるE減点

小さな誤差での不正確な形で0.1の減点、中くらいの誤差での不正確な形／最低1秒間の形の保持がない／終了時に余分なステップが入るで0.3の減点、大きな誤差による不正確な形で0.5の減点となる。

④ローテーション

小さな誤差での不正確な形／ピボット中にかかとをつく／ホップで0.1の減点、中くらいの誤差での不正確な形／終了時に余分な1歩が入るで0.3の減点、大きな誤差による不正確な形で0.5の減点となる。

⑤プレアクロバット

重い着地で0.1減点、許可されない技術でのプレアクロバット要素／手支持での歩き（2歩またはそれ以上）で0.3の減点となる。

その他、「波動の形の不完全な動き、不十分な大きさ」「プレアクロバットの形の不完全な動き、または大きさに欠ける」「体の位置を整える（例：バランス、かかとをついたまま身体の他の部位によるローテーションなど）」も、その欠点が見られた場合、都度0.1の減点となる。

採点規則独特の言い回しだと、ピンとこないかもしれないが、普段の練習で指導者から注意されているであろう「つま先」「膝」「着地」「ふらつかない」などのほとんどがこれらの「身体の動きによる技術的欠点」にあたると理解しよう。つまり、それらの注意をしっかりと聞き、日々修正し、向上していくことで実施減点は確実に減らすことができるのだ。

+1 以前、フェアリージャパンのメンバーとして活躍、北京五輪にも出場した経験をもつ遠藤由華さんは、小さな子ども達に新体操を教えるとき、「意識しなくてもつま先が伸びるようになると後で楽だよ」と伝えている。現役時代、脚の美しさでは群を抜いていた遠藤さんの言葉には説得力がある。基礎と言われる部分は幼いころからの反復練習、意識し続けることで確立されるのだ。

「A（芸術）」「E（実施）」の減点を減らす

ポイント 51 手具操作による E減点をどう減らす

実施の審判は「身体の動きの技術」ともう1つ、「手具の技術」の欠点も見て、減点する。この2つが「技術的欠点」と言われるものだ。

手具の技術による減点には、4手具共通のものと手具によるものがある。4手具に共通しているものは、以下のとおり。

①手具を落下し移動せずに取り戻す⇒0.5減点
②手具を落下し1～2歩移動して取り戻す⇒0.7減点
③手具を落下し3歩以上移動して取り戻す⇒1.0減点
④場外（距離に関わらず）⇒1.0減点
⑤手具を落下し、手具との接触なく演技を終了⇒1.0減点
⑥手具の落下を防ぐために、1歩移動して空中で受けると0.1減点、2歩移動して空中で受けると0.3減点、3歩以上移動して空中で受けると0.5減点となる。
⑦キャッチするほうではない手の支持を

ここがポイント！

手具操作による欠点をなくすためには、はじめからごまかしなく、正しい操作を身につけることが一番の早道といえる。幼いころは人よりも早くできることがエライ！と思いがちだが、少々時間はかかっても正しいやり方を覚えよう。

手具操作によるE減点

伴った受け（ボールを除く）⇒ 0.1 減点
⑧身体との接触を伴った不正確な受け
⇒ 0.3 減点
⑨手具の静止⇒ 0.3 減点
　さらに各手具ごとに減点される項目が以下のように決まっている。

【フープ】
　不正確な操作、不規則な回し／前腕に接触する受け／身体での不完全な転がし／転がしでのバウンド／回しの最中に腕にずれる⇒ 0.1 減点
上腕に接触する受け／くぐり抜けでの足の引っかけ⇒ 0.3 減点

【ボール】
　不正確な操作、前腕でのボール保持／ボールを指で明確につかむ／身体での不完全な転がし／転がしでのバウンド／片方の手の支持を伴った受け（視野外を除く）
⇒ 0.1 減点

【クラブ】
　不正確な操作、風車中に腕が離れる、小円中に動きが中断する／2本のクラブの投げと受けの最中にクラブの回転の同時性が乱れる／クラブの非対称の動きで操作面の正確性がない⇒ 0.1 減点

【リボン】
　不正確な受け／リボンの図形の乱れ／不正確なくぐり抜けまたは持ち替え／スティックの中央を持つ／図形間の不正確なつなぎ／リボンの身体への接触／最小限の影響を伴う小さな結び目／リボンの端が

床に残る（1m以内）⇒ 0.1 減点
　演技の中断はないが、身体あるいはスティックにリボンが巻きつく／リボンの端が床に残る（1mを超える）⇒ 0.3 減点
　演技の中断を伴い、身体あるいはスティックにリボンが巻きつく／操作に影響する中くらい～大きな結び目⇒ 0.5 減点

 改めて減点項目を書き出してみると、リボンが圧倒的に多く、減点も大きいことがわかる。トップレベルの選手でも4種目の中ではリボンの点数が一番低くなりがちなのも納得できる。

「A（芸術）」「E（実施）」の減点を減らす

ポイント 52 今のルールが求める「芸術性」とはなにか？を理解しよう

「芸術とはなにか？」誰もが納得し、理解できるように定義することは難しい。あくまでも「新体操の採点規則において」という限定つきで、「芸術性」を定義してみると、以下のようになる。

① ダンスステップ、難度間のつなぎ、難度そのものに動きのスタイルと特徴が見られる。
② 動きに表現力がある。

ここがポイント！

新体操の演技を考えるうえで大きなカギを握るのが音楽だ。メリハリのある曲を選び、「そのフレーズだからこの動きか！」と感じさせることができる構成を考え、音楽が演技のBGMになってしまわないようにしよう。

③ 音楽の対比を、手具と身体を使い、テンポ、特徴、動きの強度の対比によって反映させる。
④ インパクトまたは効果を創り出すために、音楽のアクセントやフレーズに身体と手具の動きを添える。
⑤ 動き間のつなぎまたは難度は、滑らかで調和のとれた接続で構成される。
⑥ 特徴的な音楽のテンポとスタイルなどに応じて異なる、多様性のある移動を行う。

「芸術性」とはなにか？

演技中に一貫したストーリーをもちながら、これらの要素を、明確かつ完全に行うことにより、卓越した芸術性が達成される。

これらの要素が、演技全体を通して十分実現できていた場合は、減点なし。演技全体とはいかずいくつかのフレーズのみが発達している場合は減点。動きとリズムが合っていない、あるいはつなぎの欠点が見られた場合はその都度0.1の減点となる。

これらの「芸術性」を実現するためには、まず音楽の選択が重要となってくる。採点規則にも「選択した音楽がすべての動きの選択を導き、音楽のすべての要素が互いに調和した関係で創り出される」と明記されており、演技構成を考えるうえで、まず音楽ありき、であることがわかる。

また、採点規則には、「審判は日々更新される現代新体操の中で、期待され最も受け入れられる構成はなにかを常に理解せねばならない」とある。

ルール変更も多く、流行りすたりもある新体操という競技をやっていくうえで、審判のみならず選手本人や指導者も心しておきたい部分だ。

 芸術の審判は、演技中の難度には関与しないと採点規則にある。芸術の審判団は、演技の難易度（D得点）に関わらず公平に減点する義務があるとも書かれているが、それはつまり芸術面が長けた演技であれば、身体難度や手具操作ではそれほど難しいものができなくても、少なくとも芸術点は高めに残せる可能性があるということだ。

「Ａ（芸術）」「Ｅ（実施）」の減点を減らす

ポイント53 「動きの特徴」「身体表現」「表情」での減点を減らす

「芸術欠点」になる要素の中で「特徴（キャラクター）」は、少し理解しづらいかと思う。音楽やその音楽のもつストーリーを「選手自身の解釈で明確に強調できているか」が求められ、またそれは演技の始めから終わりまで一貫していることが必要とされる。

たとえば、「ピンクパンサー」や「ライオンキング」などの曲を使って、動物になりきった演技をする場合、ダンスステップなどでは、動物的なよい動きと表現ができていたとしても、投げ受けや身体難度のときに急に「失敗しないようにしよう」という素が見えてしまうと減点になる。実際、新体操の演技中には表現どころではない難しいこともやっているのだから無理もないが、それでは今のルールでは芸術点での減点がついてしまうのだ。

理想としては、曲を流さずに演技を見ても、「これ、あの曲じゃない？」と予想できるような、そのくらい音楽を理解して演じることができれば「特徴」としては満点ではないだろうか。

以前、日本の松坂玲奈選手のボールの演

ここがポイント！

「キャラクター減点０」の松坂選手も最初から表現力に長けた選手だったわけではない。彼女の表現力が花開いたのは大学生になってからだった。誰にでもそうなれる可能性はあると思わせてくれる貴重な選手だ。

「動きの特徴」「身体表現」「表情」

技が、国際体操連盟の資料で「キャラクターの減点0の例」として取り上げられていた。表現力では海外の選手に劣ると言われがちな日本の選手でも、表現力を磨いていけば認められることもあるということは多くの選手の励みになると思う。

また、今回のルール改正で変わったことの1つに、2024年までは「身体の表現」の中に含まれていた「顔の表情」が独立して1つの要素になったことがある。

「身体の表現」「顔の表情」ともに、改正前のルールよりも細かく減点規定が定められ、「身体の表現」は、未発達（十分ではない）な部分が演技中に2か所、あるいは、固定された特徴のない動きが4回未満あった場合に0.3の減点。未発達な部分が2か所以上、特徴のない動きが4回以上あると0.6の減点となる。

「顔の表情」も、特徴のない固定された表情や、無表情、集中している表情などが4か所以上見られると0.3の減点となる。これだけ細かく減点されるのは、選手にとっては厳しいかもしれないが、それだけこのルールが「本気で演じること」を求めている証なのだ。

新体操には身体難度もあり、手具操作もある。たいていの選手たちはそれだけでも大変なのが本音だろう。しかし、新体操の本来の楽しさや美しさは、選手にとっても観客にとっても、「表現」にこそある！今回のルールはそう言いたいのではないか。

顔の表情まで減点対象になるなんて！とはじめは思うかもしれないが、今までのどんなルールのときでも、シーズン終盤になればほとんどの選手が対応できていた。やるしかない！ となれば、恐るべきスピードで対応し、会得する。新体操選手はそんな力を持っている。

 採点規則によると「特徴」は、以下のタイミングでの身体と手具の動きによって認識される。●難度の前の準備動作●難度間の移行●DB中またはDBの終わり●身体の波動●DB、DA、Rにおけるつなぎのステップ●手具の投げの最中／空中下●受けの最中●回転要素中●高さの変更●つなぎでの手具操作●DA要素中

129

「A（芸術）」「E（実施）」の減点を減らす

ポイント54 「ダンスステップ」「ダイナミックチェンジ」「エフェクト」をしっかり押さえる

演技の芸術性を高める肝になる「ダンスステップコンビネーション」については、ポイント38、41でも触れているが、「8秒間以上のステップ」が最初に導入されたときは、1回でよかった。それが2回必須となり、ステップとしてカウントされなければ1回につき0.3の減点になるという重要項目になってきたのが、芸術性重視の今のルールを象徴している。

身体難度全盛だった2000～2010年頃は、ステップといえるようなものはほとんどの選手に演技に入っていなかった。そのころの演技は、フロアの中で移動しては難度、移動しては難度だったのだ。それに比べると、「ダンスステップ」が必須になってからの演技はなんと見ていて楽しいことか。今回のルールではますます楽しくなりそうな予感がしている。

もう1つ、2022年から重要な要素になっているのが「ダイナミックチェンジ」そして「エフェクト」だ。「ダイナミックチェンジ」は、音楽のテンポや強度の変化を利用して演技にも大きな変化を加え、観客や審判によりドラマチックな印象を与えることを指している。

ここがポイント！

ダイナミックチェンジを演技の中で行うために、曲を繋ぎ合わせることがあると思うが、チェンジありきで不自然なつなぎになっていないか気をつけよう。

「ダンスステップ」「ダイナミックチェンジ」「エフェクト」

曲の変化に合わせて、選手の動きのスピードや強度、手具の動きのスピードなども変化することが必要とされる。当然そこには顔の表情の変化も関わってくるだろう。

ダイナミックチェンジは、演技中に2回は必須(す)となっており、不足する場合は0.3の減点となる。

しかし、実際のところ、90秒しかない演技時間の中で、2回も曲調を変化させるのは至難の技であり、かつ90秒1つの曲で表現したいと考える選手にとっては、「ダイナミックチェンジ×2」はかなりの足かせになっていた。

そこで今回のルールからは「ダイナミックチェンジあるいはエフェクトを合わせても2回ない」場合のみ減点となった。これで音楽の選択(たく)の幅(はば)がかなり広がったのではないだろうか。

「エフェクト」は、音楽を伴(ともな)う身体あるいは手具の効果のことで、曲の特徴(ちょう)的な部分でその特徴に合った動きを、身体あるいは手具で行うことが求められる。採点規則には「強く明確な特定の音楽のアクセントに配置するDB、R、DAは、難度のエネルギーと強度にもっとも一致(ち)させることができる」とある。

曲が一番盛り上がったところで、バーンと大きな投げが入る、あるいはぐんぐん曲が盛り上がってくるところでフェッテターンでぐるぐる回るなど、一度その音楽でその動きを見たら、次から曲のその部分を聴けば、動きが頭に浮かぶような「エフェクト」を工夫して入れてみよう。

 10年以上前の話だが、演技中にニコニコ笑顔を振りまきながら踊っていたジュニア選手に「なぜ笑って踊るのか?」と尋ねたところ、「試合だから」という返事が返ってきた。ジュニアらしいキュートな曲で踊っていたのに、曲を感じて笑っているのではなく「試合だから」笑顔を作っていたというのだ。新体操のましてや試合だとたしかに余裕はないと思うが、音楽を感じて踊ることは大事にしてほしいと思う。今のルールだとなおさらだ。

131

「A（芸術）」「E（実施）」の減点を減らす

ポイント 55

「つなぎ」「リズム」「フロアの使用」「音楽」での減点を減らす

　「つなぎ」と「リズム」は、芸術減点の中で、欠点が見えればその都度0.1減点が積み重なっていくなかなか厳しい項目だ。最大でも2.0までしか減点されないというのは救いではあるが、「つなぎ」も「リズム」も演技中に該当する箇所が多いため、工夫なくただ難度の羅列のような構成にしてしまうと、あっという間に2.0減点になってしまう。

　「つなぎ」は、2つの動きまたは難度間を接続させるものであり、新体操ではすべての動きが、次の動きにつながっていることが認識できるように構成されなければならない。例えば、フロアの端までジャンプで進んできて、向きを変えるときも、唐突に振り向くのではなく、難度でなくていいのでターンをするなど、向きを変えることが自然に見えるようにしなければならない。

　「リズム」は、文字通り、曲のアクセントに身体と手具の動きを連動させること、曲のリズムにのって踊ることを指している。持って生まれたリズム感には差があるとは思うが、たとえリズム感には恵まれていない選手であっても、振付の力と練習で「リズムに合った演技」はできるようにな

ここがポイント！

「つなぎ」の動きは無限にある。曲を聴きながら、「この曲のこのフレーズでこんな風に動いたらおもしろい」などと考えてみるとよい。「つなぎ」がただのつなぎではなく「表現」に昇華する可能性もある。

「つなぎ」「リズム」「フロアの使用」「音楽」

る。とくにジュニア選手の場合は、まずはリズムがはっきりと明確で音がとりやすい曲を選び、ポイントとなる音にはしっかり動きを合わせた振付にして、「リズムに合わせる」という感覚を養っていこう。

「フロアの使用」は、フロア全体を広く使うことが求められている。フロアを4分割した場合に、使っていないフロアがあると0.3減点になってしまうので、気をつけよう。また、たとえフロアは広く使えていても、動線が同じところを行ったり来たり、では面白味がない。直線ばかりでなく、また様々な方向に動き、多様な移動を見せるとよい。

「音楽」による減点は、●演技終了時の音楽との不一致が0.5減点。●4秒を超えるイントロダクション●新体操において一般的ではない音（サイレンやエンジン音など）の使用で0.3減点になるので気をつけよう。

曲を選ぶときは、ダイナミックチェンジなど、求められる要件を満たせるかを考えることも必要だが、それ以上に、選手の年齢、技術レベルなどに合ったものを選ぶようにしよう。いくら良い曲でも選手の実像とあまりにかけ離れていると、気持ちもはいりにくく、表現もしづらくなってしまいかねない。

芸術について、多くのきまりごとがあり、大変だと感じる人も多いかと思うが、それだけ国際体操連盟が本気で新体操の魅力を取り戻そうとしている表れだと思う。また、芸術という概念的なものを演技に落とし込むのは非常に難しいことを思えば、ルールでこれだけ決めてあるのは親切ともいえる。ルールが変わった年こそ飛躍のチャンスでもある。新ルールに対応して、今まで以上の成長を見せられる年になることを祈っている。

 「芸術性」を点数化することは誰がやったとしても難しいことには違いない。だから、今回もルール改正でいろいろなところに修正が加えられた。難しいだけに試行錯誤して、見直しては直すを繰り返していくことで、徐々に理想に近いルールが出来上がっていくのだと思う。

COLUMN11

手具操作にも思いを込めて

　ほんのわずかな狂いや気の緩みが、ミスにつながってしまう。手具操作にはそんな怖さがある。だから、演技中は、とにかく「手具を落とさないこと」ばかりに気持ちがいってしまう。まだキャリアの浅い選手ならたいていがそうだろう。

　はじめはそれでも仕方がない。試合ともなれば1つの落下が大きな減点にもつながってしまうのだからなおさらだ。しかし、ずっとそのままでは進歩もないし、おそらく演技していても楽しくないと思う。せっかく練習に練習を重ねて、演技するのだ。試合ならば、多くの観客にも見てもらえる。そこで披露する自分の演技から見ている人に伝わるのが「手具を落としたくない」「失敗したくない」だけだとしたら、なんとも味気ない話だ。

　90秒間ずっと、は誰にとっても難しいと思う。だから、まずはごく一部分でいい。曲や振り付けで一番気に入っている部分でいいので、思いを込めて（＝感情を込めて）手具操作することを心がけてみよう。たとえば、床でボールをトントントンと3回小さく突く。ただそれだけの操作でも、そこに思いを込めることはできるはずだ。遠く離れた恋人を思う、切ない気持ち、早く帰ってきてという願いを込めてのトントントンなのか、はたまた戦いに臨む前、敵への憎悪を押し込めてのトントントンなのか。同じ動き、操作でも自ずとスピードや強弱、そしてなによりも表情が違うはずだ。そんな表現の違いが出せるようになれば、演技することはもっと楽しくなる。そして、観客や仲間も、演技を見ることを楽しみにするようになる。それこそが新体操の魅力なのだ。

　手具操作がどんどん高度になっている今の時代に、そこに思いも込めるというのは、なかなか難易度が高いかとは思う。が、これができるようになれば、表現の深みがぐっと増すことは間違いない。新体操を芸術スポーツだと考え、競技者であり表現者でもありたいと思うのならば、少しずつでもいいのでチャレンジしてみよう。

Part *12*

作品作りから演技を仕上げていく過程を知ろう！

本来は楽しいはずの「作品作り」
新体操の一番楽しい部分が苦痛にならないために。
曲選びから構成の考え方、練習の進め方までを紹介。
今まで悩んでいたことが解決するヒントが見つかるかも。

作品作りから、演技を仕上げていく過程を知ろう！

ポイント 56 「やりたい難度、技」「できる難度、技」「使いたい曲」をピックアップ

芸術スポーツである新体操には「表現」は不可欠なものだが、その「表現」は、音楽に合っていることが大前提となる。

そのため、手具によってその特性を生かせる曲を選ぶことがまず必要となってくる。

1 曲選びのヒント

芸術性が重視されるようになり、演技中に「ダイナミックチェンジ」や「エフェクト」(⇒ポイント54参照)なども求められるようになった今の新体操では曲選びは重要だ。ルールで求められている曲調の変化などももちろん必要だが、それ以上に大切なのは、選手にとって「好きな曲」「気持ちが入りやすい曲」を選ぶということだ。年齢や性格とあまりにもかけ離れた曲では、いくら名曲だったとしても思いが伝わるような演技をすることは困難だ。選手が無理なく、その曲の主人公を演じられるような曲選びが、とくにジュニア選手には求められる。

2 難度を選ぶヒント

身体難度は、選手の身体能力に応じて選ぶのが原則だが、クラブは比較的、どの難度でもやり易いだろう。それだけに、身体難度を上げていきたいときは、クラブの演技で、少しずつ挑戦した難度を取り入れていくとよい。

ここがポイント！

今は、多くの曲を配信や、YouTubeで聴くことができるので、とにかく多くの曲に触れるようにしよう。一曲聴くと似たようなタイプの曲やアーチストを「おすすめ」してくれる機能などもあるので、曲探しにはインターネット、スマホなどをおおいに活用しよう。

材料をそろえる

ローテーションは、リボンを操作しながら行うのが難しい身体難度であり、リボンをもったとたん回れなくなったり、リボンがからんだりしてしまう選手も少なくない。

一方で、フェッテなどは案外、リボンの操作をしながらのほうがリズムよく回れるという選手もいる。手具の特徴によって、やりやすい操作は違ってくるので、身体難度と同時に行う手具操作は、あまり無理のないものを選び、身体難度がしっかりカウントされるようにしたい。

クラブ/リボンの定番曲たち

リズミカルで軽快な曲が似合うクラブでは、「天国と地獄」「剣の舞」「くるみわり人形」などがおなじみの曲だ。また、「Sing Sing Sing」のようなダンサブルな曲、「カリンカ」など民族舞踏的な曲もクラブにはよく合う。

リボンでは、しっとりした曲調の「リベルタンゴ」や「ピアノレッスン」「月光」などもよく使われるが、チャイルドやジュニアならば、「くまん蜂の飛行」のようなスピード感のある楽しい曲でもよいだろう。

リボンは、手具操作が難しいので、レベルの高い身体難度を入れるのはジュニア選手にはやや難しいかもしれない。投げ受けやブーメランなどをたくさん練習して、身体難度では欲張らずDAやRなどに挑戦してみるのもよいだろう。

身体難度で点数を上げていきたい場合は、ジャンプに後屈をつける、支持ありのバランスを支持なしにする、ローテーションは 回転数を増やすなど、比較的上げやすいところから少しずつ上げていこう。

 まだ作品作り、曲選びに慣れていない場合は、動画サイトなどで海外の選手たちの演技を見て、どんな曲が使われているかを知ることから始めよう。現在は、曲を聴かせれば曲名を検索できるアプリもあり、YouTubeではイメージ（「戦い/曲」「別れ/曲」など）で曲を検索することもできる。とにかくたくさんの曲を聴くことが曲選びの第一歩だ。

作品作りから、演技を仕上げていく過程を知ろう！

ポイント 57
1つの演技をいくつかのパートに分けてミスなくできるまで練習する

一番近い試合までの時間があまりない場合などは、どうしても「通し練習」がしたくなる。もちろん、ミスはあっても通すという練習も必要な時期もある。

しかし、まだ技術が伴っていない、または作品を作ったばかり、など「通し」で演技をするのが難しい間は、「通し練習」にあまり時間をかけるのではなく、体育館で練習するときは、部分練習を中心にしてみよう。

1. 身体難度、Rなどを個別に練習する

90秒の演技をいくつかに分けてのフレーズ練習が一般的だが、それ以前にできない難度や手具操作がある場合は、そこだけの練習にもある程度時間をとろう。単独でできないものはつなげてできるはずはないので、たとえば「パンシェバランス＋回し」なら、精度が上がるまではそこだけをやる。ある程度できるようになったら前後の動きを続けてやるようにしていこう。

また、Rなど、失敗してしまうと演技が続かなくなる部分は個別に練習して、成功確率を上げる練習をし、確率が上がってきたらその前後の動きまでつなげて練習するようにしよう。

2. フレーズごとに完成度を上げていく

それが少しずつ長くなってフレーズで通せるようになったら、次のフレーズと、完

ここがポイント！

通し練習があまりできない時期も、曲は通しで完全に頭に入るまで繰り返し聴こう。単に曲を覚えるだけでなく、曲を聴けば動きも頭に浮かぶまで、聞き込んで動きや表情などもしっかりイメージトレーニングしておくと、通し練習のときに生きてくる。

フレーズ練習

手具操作の精度も高めよう

クラブとリボンは手具操作の巧拙（せつ）が目立ちやすい手具だ。クラブでは定番の「風車」などはうまい選手がやるとクラブがとても長く見え、高速で回せるのだが、苦手な選手はなんともぎこちない。リボンも、巧（たく）みな選手はリボンの布に張りがあり、思い描（えが）いたとおりの軌跡（き）をえがくことができているように見える。

どちらも、初心者にはハードルの高い手具だと思うが、最初はうまくできなくてもあきらめず投げ出さず少しずつ操作がうまくなっていくことを楽しもう。難しいことができることよりも、よりも丁寧に正確（ねい）にを志してみよう。

成度の上がったフレーズを増やしていき、演技を仕上げていくとよい。

ただし、できないからと同じ難度、同じフレーズばかり練習していると、体への負担（かたよ）が偏るのと同時に、気持ちも落ちていく。1日の練習中で複数の難度、複数のフレーズを練習するようにしたい。

難しい技が入っているフレーズや、失敗しやすい苦手なフレーズは回数を多めにし、自信がついてきたフレーズは確認程度にする、または表現にもこだわってみるなどメリハリをつけた練習をしよう。

フレーズ練習をするときも、曲はフレーズごとにかけるだろうが、動きはその前後もやるようにしよう。

3. 毎日の基礎トレーニングにも工夫を

身体難度に関しては、毎日の練習のはじめにやっているだろう、バレエレッスンやアップなどの中で足りないものを補う意識を持ち、精度を高めていこう。

新体操ではどうしても「先生に見てもらいたい、教えてもらいたい」という傾向（けい）がある。しかし、じつは、一番力がつくのは「自分で考え、練習している時間」なのだ。指摘（てき）されるのではなく、自分で「何が違（ちが）っていたのか？」を考えられる選手ほどうまくなる。通し練習に入れない間は、指導者に見てもらう機会も少なくなるかもしれないが、そこが成長のチャンスなのだ。

 演技の完成度を上げていきながら、難度や操作だけでなく、表現のレベルアップもめざそう。まずは、曲の由来や、ストーリーなど理解すること。映画音楽などを使う場合は、作品を必ず見るようにしよう。知識があれば思いも深くなり、見ている人に伝わるものは確実に違ってくるはずだ。

作品作りから、演技を仕上げていく過程を知ろう！

ポイント58 曲に合わせての通し練習を繰り返し行う

ある程度、ミスなく演技が通せるようになってきた。

もしくは、試合が近づいてしまった。

こうなってくると、1つの作品を、曲をかけて通す練習の比重を上げていかなければならない。本来なら、通し練習は「ほぼ「ミスなくできる」ところまで演技がまとまった段階で、よりよくするために行うのが望ましいが、そうも言っていられない場合も多々あるとは思う。

たいていの選手が、通し練習を毎回、指導者に見てもらえることはないだろう。同じ体育館にいても、指導者に見てもらえるのは交代で順番が回ってきたときで、他の時間は、それぞれに空きスペースで練習することが多いはずだ。そのときに、少し広いスペースがあれば、通しの練習をすることもあるだろうが、そこではミスがあってもいい、と思う。だが、1回の練習で何回もないだろう「見てもらえる通し」のときは、凡ミスは避けたい。せっかくアドバイスをもらえるのに、「手具を落とさないで」なんて言われなくても分かっているようなことを言われたくはない。

ほぼノーミスで通したうえで、「もっとこう見せたほうがきれいに見える」「こうしたほうがミスが出にくい」など、レベル

ここがポイント！

試合直前になると、チームメイトを観客に見立てての通し練習なども行おう。練習ではできていたことが本番ではできないのは、ほとんどが緊張によるものだ。その緊張感を味わい、慣れることも通し練習の目的なのだ。